ERFOLGREICH INS JAHR 2025 STARTEN!

Strategien für KMU-Unternehmer,
um digitale Trends, persönliche Balance und
geschäftlichen Erfolg zu verbinden

Erfolgreich ins Jahr 2025 starten
Strategien für KMU-Unternehmer, um digitale Trends,
persönliche Balance und geschäftlichen Erfolg zu vereinen
Autor: René Greiner

1. Auflage
© 2024 René Greiner

Bibliografische Information der Deutschen Nationalbibliothek:
Die Deutsche Nationalbibliothek verzeichnet diese Publikation in der Deutschen Nationalbibliografie; detaillierte bibliografische Daten sind im Internet über http://dnb.dnb.de abrufbar.

Umschlaggestaltung: R. Greiner mit canva.com
Satz: video4net GmbH, 94344 Wiesenfelden
Printed in Germany
ISBN: 978-3-7583-7323-7

Verlag: BoD · Books on Demand GmbH, In de Tarpen 42, 22848 Norderstedt, bod@bod.de
Druck: Libri Plureos GmbH, Friedensallee 273, 22763 Hamburg

Disclaimer

Die in diesem Buch enthaltenen Tipps und Ratschläge basieren auf sorgfältiger Recherche und Überlegung. Dennoch übernehmen weder der Autor noch der Verlag Verantwortung für die Anwendung der beschriebenen Methoden und Techniken. Die vorgestellten Ansichten und Strategien spiegeln persönliche Erfahrungen wider und müssen nicht zwangsläufig für jede Situation geeignet sein.

Bitte führen Sie eigene Recherchen durch und ziehen Sie bei Bedarf Fachleute hinzu, bevor Sie Entscheidungen auf Basis der Informationen in diesem Buch treffen. Der Autor und der Verlag haften nicht für direkte oder indirekte Schäden, die aus der Nutzung dieses Buches resultieren könnten.

Zur besseren Lesbarkeit wurde auf gendersensible Formulierungen verzichtet. Diese Entscheidung dient ausschließlich der sprachlichen Einfachheit und ist nicht diskriminierend gemeint.

Trotz größter Sorgfalt können in diesem Buch Fehler enthalten sein. Falls Ihnen einer auffällt, nehmen Sie ihn bitte als charmante Erinnerung an die Menschlichkeit dieses Werkes.

Ich wünsche Ihnen viel Freude beim Lesen und Erfolg bei der Umsetzung!
Ihr René Greiner

Danksagung

Mein besonderer Dank gilt Ihnen, liebe Leserinnen und Leser, dafür, dass Sie dieses Buch in die Hand genommen haben und sich gemeinsam mit mir auf den Weg gemacht haben, das Jahr 2025 erfolgreicher und erfüllter zu gestalten. Ihre Zeit und Ihr Interesse sind für mich eine große Wertschätzung.

Ebenso danke ich all den inspirierenden Menschen, von denen ich in den vergangenen Jahren lernen durfte – Kollegen, Mentoren und Wegbegleitern, die ihr Wissen und ihre Erfahrungen großzügig mit mir geteilt haben. Sie haben mich motiviert und geprägt, und vieles von dem, was ich heute weitergeben darf, verdanke ich ihren Impulsen.

Ein herzliches Dankeschön geht auch an meine Familie und Freunde. Ihr seid mein Anker, meine Quelle der Inspiration und der Ruhe. Ohne eure Unterstützung und euer Vertrauen wäre vieles nicht möglich gewesen.

Dieses Buch ist ein Gemeinschaftswerk der Begegnungen und Erfahrungen – und ich freue mich, wenn es dazu beiträgt, auch Ihre eigenen Erfolge authentisch und nachhaltig zu gestalten.

Über den Autor

René Greiner, Jahrgang 1963, ist ein vielseitiger Experte in den Bereichen Marketing, Kommunikation und ganzheitliche Unternehmensstrategie. Nach einer fundierten Ausbildung und praktischen Tätigkeiten in der Branche gründete er 1994 sein eigenes Unternehmen, die heutige video4net GmbH, die sich auf Business-Videos und Kommunikationslösungen spezialisiert hat.

Neben seiner beruflichen Tätigkeit engagiert sich René Greiner ehrenamtlich, unter anderem als Co-Skipper auf der „Seefuchs", einem ehemaligen Fischkutter, der Flüchtlinge vor der Küste Libyens rettet. Privat ist er Segler, Fotograf und Filmemacher. Gemeinsam mit seiner Frau Barbara betreibt er den „Kunsthof Stadlberg", einen Ort, an dem Kunst und Gemeinschaft im Einklang stehen.

Seine vielseitigen Interessen spiegeln sich auch in seiner Tätigkeit als Autor wider. Mit seinem Werk „Authentisch erfolgreich" inspiriert er Leser dazu, ihre persönliche und berufliche Balance zu finden. Sein Ansatz ist geprägt von Authentizität und einem tiefen Verständnis für die Herausforderungen moderner Unternehmer. Als Berater und Coach motiviert er Menschen, innovative und nachhaltige Lösungen zu entwickeln, die sie mit ihren Werten und Zielen in Einklang bringen..

video4net GmbH
Stadlberg 1 | 94344 Wiesenfelden
Tel. +49 9966 37699 90
Tel. +49 89 659595 | Fax +49 89 659548
mail@greinerteam.de | www.greinerteam.de

Videos für Unternehmen: https://www.video4net.de
Werbecoaching: https://www.greiner-marketing.de
Webdesign: https://www.greiner-webdesign.de
Buchideen verwirklichen: https://www.online-ghostwriter.de
Buch „Authentisch erfolgreich": https://www.authentic-living.de

„Der wahre Maßstab des Erfolgs ist nicht materieller Besitz,
sondern die Fähigkeit, jeden Tag mit Leidenschaft
und Authentizität zu leben."

1. Der Unternehmer im Mittelpunkt

Das Jahr 2025 steht vor der Tür - ein Jahr, das Unternehmern viele Möglichkeiten bietet, sich neu zu positionieren und sowohl geschäftlich als auch persönlich zu wachsen. Es bringt aber auch Herausforderungen mit sich: die fortschreitende Digitalisierung, den Druck zu nachhaltigem Handeln und den Balanceakt zwischen beruflichem Erfolg und privatem Wohlbefinden. Dieses Buch möchte Ihnen dabei helfen, diese Herausforderungen nicht nur zu meistern, sondern sie als Chancen für eine echte Transformation zu begreifen.

2025: Ein Jahr der Chancen

Die Welt verändert sich rasant. Digitalisierung, künstliche Intelligenz und Nachhaltigkeit sind keine Trends mehr, sondern notwendige Bestandteile eines erfolgreichen Unternehmens. Gleichzeitig erfordert der Fachkräftemangel kreative Wege in der Mitarbeiterführung und neue Arbeitsmodelle. Viele Unternehmerinnen und Unternehmer stehen vor einem scheinbar endlosen Wust an Aufgaben und Pflichten, die wenig Raum für das Wesentliche lassen: die eigene Gesundheit, Beziehungen und die Entwicklung persönlicher Visionen.

Dieses Buch ist eine Einladung, innezuhalten und den Blick auf das zu richten, was wirklich zählt. Es ist Zeit, aus dem Hamsterrad auszusteigen und bewusst zu gestalten: den Alltag, das Unternehmen und das eigene Leben.

Was erwartet Sie in diesem Buch?

„Erfolgreich ins Jahr 2025" richtet sich an Unternehmerinnen und Unternehmer, die sowohl ihr Unternehmen als auch ihr eigenes Leben bewusster gestalten wollen. Es bietet praktische Strategien, um

- Digitale Trends und künstliche Intelligenz sinnvoll zu nutzen, ohne sich in der Technik zu verlieren.
- Ihre persönliche Balance zu finden, indem Sie Ihre Gesundheit, Ihre Familie und Ihre persönlichen Ziele in den Mittelpunkt stellen.
- Nachhaltige berufliche Erfolge zu erzielen, die nicht auf Kosten der Lebensqualität gehen.

Dieses Buch verbindet Inspiration mit Pragmatismus. Es gibt Ihnen Werkzeuge an die Hand, um Ihren beruflichen und persönlichen Alltag mit Klarheit und Fokus zu gestalten.

Meine Motivation und Erfahrung

Als Autor, Berater und Unternehmer habe ich selbst erfahren, wie herausfordernd es sein kann, die richtige Balance zwischen beruflichem Erfolg und persönlichem Wohlbefinden zu finden. In den vergangenen Jahrzehnten habe ich unzählige Unternehmen beraten und dabei eines gelernt: Kein Unternehmen kann langfristig erfolgreich sein, wenn die Menschen dahinter nicht gesund, motiviert und authentisch agieren. Dieses Buch ist das Ergebnis meines persönlichen Weges und meiner Arbeit mit Unternehmern auf der Suche nach einer ganzheitlichen und nachhaltigen Erfolgsperspektive.

Ein neues Kapitel beginnt

Stellen Sie sich vor, das Jahr 2025 ist ein Neuanfang. Ein Jahr, in dem Sie nicht nur Ihre unternehmerischen Ziele erreichen, sondern auch Ihre persönlichen Werte und Visionen leben. Dieses Buch begleitet Sie auf diesem Weg. Lassen Sie uns gemeinsam durchstarten - mit Klarheit, Ausgewogenheit und einer Portion Mut. Denn die beste Zeit, neue Wege zu gehen, ist jetzt.

Willkommen auf Ihrer Reise in ein erfolgreiches und erfülltes Jahr 2025.

1.1 Der Druck des Alltags typische Herausforderungen für Unternehmer

Der Alltag eines Unternehmers ist oft geprägt von einer endlosen Liste an Aufgaben, Terminen und Verpflichtungen. Kundenakquise, Mitarbeiterführung, Buchhaltung - die To-do-Liste scheint kein Ende zu nehmen. Viele Unternehmer befinden sich in einem permanenten Hamsterrad, das kaum Raum für Erholung oder strategisches Denken lässt. Doch genau hier liegt das Problem: Ohne eine bewusste Balance zwischen den verschiedenen Lebensbereichen kann weder das Unternehmen noch der Mensch dahinter langfristig erfolgreich sein.

Die unsichtbaren Belastungen des Unternehmeralltags

Hinter den sichtbaren Aufgaben verbergen sich oft unsichtbare Belastungen, die schleichend zur Erschöpfung führen. Die ständige Erreichbarkeit über Smartphone und E-Mail, der Druck, immer neue Ideen zu liefern, die Verantwortung für Mitarbeiter und Finanzen können erdrückend wirken. Hinzu kommen die eigenen Erwartungen an Perfektion und Erfolg, die den Druck zusätzlich erhöhen.

Zeichen der Unausgeglichenheit erkennen

Viele Unternehmerinnen und Unternehmer merken erst spät, dass sie sich in einem Ungleichgewicht befinden. Typische Anzeichen können sein

- Energieverlust: Das morgendliche Aufstehen wird zur Herausforderung.
- Gesundheitliche Probleme: Kopfschmerzen, Rückenschmerzen oder Schlaflosigkeit nehmen zu.
- Beziehungsprobleme: Familie und Freunde beklagen, dass man nie richtig da ist.
- Kreativitätsverlust: Neue Ideen fallen schwer, Entscheidungen werden hinausgezögert.

Der Weg aus dem Hamsterrad

Dieses Kapitel hilft Ihnen, die unsichtbaren Belastungen zu erkennen und erste Schritte zu unternehmen, um wieder ins Gleichgewicht zu kommen. Es geht darum, sich bewusst Zeit für Reflexion zu nehmen, Prioritäten neu zu setzen und Verantwortung abzugeben. Wir werden praktische Ansätze erkunden, die Ihnen helfen, die Kontrolle über Ihren Alltag zurückzugewinnen. Denn nur ein gesunder und ausgeglichener Unternehmer kann langfristig erfolgreich sein.

Praktische Tipps zum Ausstieg aus dem Hamsterrad

a) Prioritäten setzen mit der Eisenhower-Matrix

Teilen Sie Ihre Aufgaben in vier Kategorien ein: wichtig/dringlich, wichtig/nicht dringend, nicht wichtig/dringlich, nicht wichtig/nicht dringend. Konzentrieren Sie sich auf die wichtigen Aufgaben und delegieren oder streichen Sie die unwichtigen.

b) Zeitblöcke schaffen

Reservieren Sie im Kalender feste Zeiten für strategische Planung, Pausen und Selbstreflexion. Diese Zeit darf nicht für operative Aufgaben verwendet werden.

c) Verantwortung delegieren

Identifizieren Sie Aufgaben, die andere erledigen können und delegieren Sie diese konsequent an Mitarbeitende oder externe Dienstleister.

d) Grenzen setzen

Legen Sie klare Zeiten fest, in denen Sie nicht erreichbar sind, zum Beispiel abends oder am Wochenende. Kommunizieren Sie dies transparent mit Ihrem Team und Ihren Kundinnen und Kunden.

e) Achtsamkeitsübungen und Selbstfürsorge

Beginnen Sie den Tag mit einer kurzen Achtsamkeitsmeditation oder einem Spaziergang, um Ihren Geist zu klären und Prioritäten zu setzen.

f) Digitale Entgiftung

Benachrichtigungen auf Smartphone und Computer ausschalten. Arbeiten Sie in konzentrierten Intervallen ohne Ablenkungen.

g) Wochenrückblick

Nehmen Sie sich jede Woche 30 Minuten Zeit, um Ihre Fortschritte zu reflektieren und sich Ziele für die kommende Woche zu setzen.

Mit diesen konkreten Ansätzen gewinnen Sie mehr Kontrolle über Ihren Alltag und schaffen sich Freiräume für das, was wirklich zählt - beruflich und privat.

1.2. Balance finden
Gesundheit, Beziehungen und den digitalen Wandel meistern

Wann haben Sie das letzte Mal bewusst durchgeatmet und sich gefragt: „Wie geht es mir eigentlich?" Inmitten von Deadlines, Wachstumsstrategien und den ständigen Anforderungen der digitalen Welt kann es leicht passieren, dass Unternehmer sich selbst und ihre engsten Beziehungen aus den Augen verlieren. Doch 2025 könnte das Jahr werden, in dem Sie nicht nur Ihr Unternehmen, sondern auch Ihr Leben nachhaltig ins Gleichgewicht bringen.

Zentrale Botschaft: Unternehmerischer Erfolg ist wertlos ohne körperliche Gesundheit, stabile Beziehungen und eine klare Vision für den Umgang mit der digitalen Transformation. Dieses Kapitel zeigt, wie Sie Überlastung vermeiden, Ihre Energiequellen schützen und die Balance zwischen Tradition und digitalen Trends finden.

Gesundheit und Beziehungen - Wie Überforderung auf Dauer schadet

Das Problem: Ständige Erreichbarkeit, lange Arbeitszeiten und der Druck, alles im Griff zu haben, können Unternehmerinnen und Unternehmer physisch und psychisch an ihre Grenzen bringen. Studien zeigen, dass 76 Prozent der Führungskräfte Stress- und Erschöpfungssymptome verspüren, während die Beziehungen zu Partnern, Kindern oder Freunden oft auf der Strecke bleiben.

> *„Wer keine Zeit für seine Gesundheit hat, wird später viel Zeit für seine Krankheiten brauchen".* Sebastian Kneipp

Die Folgen: Gesundheit: Chronischer Stress kann zu Bluthochdruck, Schlafstörungen und Burnout führen.

Beziehungen: Vernachlässigte Partnerschaften oder zu wenig Zeit für Familie und Freunde führen zu Konflikten und Einsamkeit.

Unternehmen: Fehlentscheidungen durch Übermüdung oder der Verlust wichtiger Netzwerke schaden langfristig auch dem Unternehmen.

Beispiele aus der Praxis:

Ein Unternehmer, der durch einen Burnout beinahe sein Unternehmen verloren hätte, berichtet: „Ich dachte immer, ich müsste alles alleine machen. Heute teile ich die Verantwortung und das hat mich nicht nur entlastet, sondern auch mein Unternehmen stabilisiert".

Tipps:

a) 5-Minuten-Regel für Mikro-Auszeiten: Nehmen Sie sich täglich mindestens 5 Minuten Zeit, um bewusst zu atmen, zu meditieren oder einen Spaziergang zu machen. Diese kleinen Pausen können Ihre psychische Gesundheit nachhaltig stärken.

b) Wochenstruktur-Check: Prüfen Sie jeden Sonntag, wie viel Zeit Sie in der kommenden Woche für Familie, Freunde und Hobbys einplanen können. Geben Sie diesen Terminen die gleiche Priorität wie Geschäftsterminen.

c) Gesundheit priorisieren: Behandeln Sie Arztbesuche, Fitnesstermine oder gesunde Mahlzeiten wie wichtige Geschäftstermine. Wenn Sie sich nicht um Ihre Gesundheit kümmern, wer tut es dann?

d) Kommunikation stärken: Sprechen Sie offen mit Partnern, Kollegen und Freunden über Ihre Belastungen. Oft hilft schon das Aussprechen, um Unterstützung und Verständnis zu erhalten.

Balance zwischen Trends und Traditionen - Herausforderungen des digitalen Wandels

Das Problem: Die digitale Transformation ist für Unternehmen unausweichlich. Doch der Spagat zwischen der Integration neuer Technologien und dem Erhalt bewährter Werte stellt viele vor große Herausforderungen. Wie bleibt man relevant, ohne sich selbst zu verlieren?

> *„Fortschritt lebt vom Wandel. Aber der Glaube an Werte hält ihn auf Kurs".* Henry Ford

Die Folgen:
Unreflektierte Digitalisierung – Unternehmen, die blind jedem Trend folgen, verlieren oft ihre Identität.
Stillstand – Wer an alten Mustern festhält, läuft Gefahr, von der Konkurrenz abgehängt zu werden.

Beispiele aus der Praxis:

Ein Familienunternehmen, das durch digitale Tools effizienter geworden ist, gleichzeitig aber seine persönlichen Kundenbeziehungen durch Events und handgeschriebene Briefe pflegt.

Ein KMU, das seine Prozesse automatisiert hat, aber bewusst auf Chatbots verzichtet, um persönlichen Service zu bieten.

Tipps:

a) Digitaler Fokustag: Planen Sie einen festen Tag im Monat ein, an dem Sie sich ausschließlich mit digitalen Weiterbildungen, Tools oder strategischen Entscheidungen zur Digitalisierung beschäftigen.

b) Bewusst entscheiden: Fragen Sie sich bei neuen Technologien immer: „Schafft das einen echten Mehrwert für mich, mein Team und meine Kunden?" Wenn nicht, lassen Sie es.

c) Traditionen bewahren: Definieren Sie die Kernwerte Ihres Unternehmens und bewahren Sie bewusst bewährte Prozesse. Dokumentieren Sie diese schriftlich, damit sie in der Transformation nicht verloren gehen.

d) Mentorennetzwerk: Suchen Sie gezielt den Austausch mit Unternehmern, die digitale Trends erfolgreich gemeistert haben. Lernen Sie von deren Fehlern und Erfolgen.

Ihre Roadmap für 2025

Die perfekte Balance gibt es nicht - und das ist auch gut so. Erfolg bedeutet, sich ständig zu hinterfragen und anzupassen. Gesundheit, Beziehungen und eine klare Vision für die Zukunft sind dabei die wichtigsten Werkzeuge.

„Es ist nicht die Stärke, die uns erfolgreich macht, sondern die Fähigkeit, uns immer wieder neu auszurichten".

Handlungsvorschlag

Notieren Sie sich heute drei konkrete Schritte, die Sie innerhalb der nächsten sieben Tage unternehmen werden, um Ihre Gesundheit, Ihre Beziehungen oder Ihre digitale Strategie neu auszurichten. Beginnen Sie mit einem kleinen, machbaren Schritt - und setzen Sie ihn sofort um.

2025 kann Ihr Jahr werden. Worauf warten Sie noch?

2. Die wichtigsten Trends für KMU im Jahr 2025

Das Jahr 2025 steht vor der Tür und bringt für kleine und mittlere Unternehmen (KMU) große Chancen, aber auch neue Herausforderungen mit sich. Die Geschwindigkeit technologischer Innovationen, veränderte Kundenbedürfnisse und globale wirtschaftliche Entwicklungen verlangen von Unternehmern mehr Anpassungsfähigkeit denn je. Doch gerade in diesen dynamischen Zeiten liegt auch eine große Chance: Wer die richtigen Trends erkennt und frühzeitig darauf reagiert, kann nicht nur wachsen, sondern sich auch nachhaltig am Markt behaupten.

Trends sind weit mehr als kurzfristige Phänomene. Sie spiegeln tiefgreifende Veränderungen in Wirtschaft, Gesellschaft und Technologie wider. Für den Mittelstand sind sie Kompass und Antrieb zugleich – sie zeigen nicht nur, wohin die Reise geht, sondern helfen auch, den Blick für das Wesentliche zu schärfen und die Potenziale zu erkennen, die im Wandel stecken. Sei es die zunehmende Digitalisierung, der Einsatz künstlicher Intelligenz, der Fokus auf Nachhaltigkeit oder neue Arbeitsmodelle – wer frühzeitig auf diese Entwicklungen setzt, sichert sich Wettbewerbsvorteile und bleibt zukunftsfähig.

Doch wie filtert man als Unternehmer aus der Fülle an Informationen die relevanten Trends heraus? Wie vermeidet man Überforderung und entscheidet sich für die Strategien, die wirklich zu den eigenen Zielen und Werten passen? Dieses Kapitel gibt Ihnen einen praxisnahen Überblick über die wichtigsten Entwicklungen und zeigt Ihnen, wie Sie diese Trends gewinnbringend in Ihren Unternehmensalltag integrieren können. Unser Ziel ist es, Ihnen nicht nur Orientierung, sondern auch Inspiration für die nächsten Schritte zu geben. Denn erfolgreich sein heißt nicht, jedem Hype blind zu folgen, sondern mutig und strategisch die Veränderungen umzusetzen, die zum eigenen Unternehmen passen.

Dabei ist der Blick auf Trends nicht nur eine strategische Aufgabe. Er ist auch eine Einladung zur Selbstreflexion. Welche Werte stehen im Mittelpunkt Ihres Handelns? Welche Ziele verfolgen Sie mit Ihrem Unternehmen? Und wie können Trends helfen, Ihre Visionen in die Realität umzusetzen? Die Antworten auf diese Fragen machen den Unterschied zwischen kurzfristigem Erfolg und langfristiger Stabilität aus.

1. Digitaler Fortschritt und Künstliche Intelligenz (KI)

Die digitale Transformation bleibt zentral. Automatisierungen, KI-gestützte Prozesse und datenbasierte Entscheidungen revolutionieren die Arbeitswelt. KMU, die digitale Technologien nutzen, können nicht nur Effizienz steigern, sondern auch neue Geschäftsmodelle entwickeln.

2. Nachhaltigkeit als Wettbewerbsvorteil

Nachhaltigkeit ist längst kein Luxus mehr, sondern eine Notwendigkeit. Kunden bevorzugen Unternehmen, die Verantwortung für Umwelt und Gesellschaft übernehmen. Klimaneutrale Produkte, ressourcenschonende Prozesse und soziale Verantwortung werden im Jahr 2025 zentrale Differenzierungsmerkmale sein.

3. Flexible Arbeitsmodelle

Hybridarbeit, Vier-Tage-Wochen und ähnliche Konzepte bleiben für Fachkräfte entscheidend. Unternehmen, die attraktive und flexible Arbeitsumgebungen bieten, können sich einen Wettbewerbsvorteil auf dem angespannten Arbeitsmarkt sichern.

4. Personalisierung und Kundenzentrierung

Kunden erwarten zunehmend personalisierte Produkte und Dienstleistungen. Mithilfe von Big Data und KI können KMU individuelle Bedürfnisse besser verstehen und passgenaue Angebote entwickeln.

5. Resilienz durch Diversifikation

Globale Krisen haben gezeigt, wie wichtig es ist, widerstandsfähig zu sein. Unternehmen sollten sich breiter aufstellen, um Abhängigkeiten zu reduzieren und flexibel auf Marktveränderungen zu reagieren.

6. Cybersecurity und Datenschutz

Mit zunehmender Digitalisierung steigt auch das Risiko von Cyberangriffen. Investitionen in IT-Sicherheit und den Schutz von Kundendaten sind unverzichtbar.

7. Regionalität und glokale Strategien

Neben globalen Märkten rücken lokale Beziehungen wieder stärker in den Fokus. Unternehmen, die regionale Wertschöpfung und globale Reichweite kombinieren, treffen den Zeitgeist.

Diese Trends sind nicht nur Herausforderungen, sondern auch Inspirationsquellen. Sie laden Unternehmer dazu ein, ihre Strategien zu überdenken und aktiv zu gestalten. Erfolg im Jahr 2025 bedeutet, offen für Veränderungen zu sein und gleichzeitig klar auf die eigenen

Werte und Ziele zu setzen. Nutzen Sie diese Dynamik, um Ihr Unternehmen auf Kurs zu halten und die Chancen der Zukunft zu ergreifen.

2.1 Digitalisierung als Motor für Innovation und Effizienz

Werkzeuge und Tipps für KMU mit begrenzten Ressourcen

Die Digitalisierung bietet kleinen und mittleren Unternehmen (KMU) enorme Chancen - sei es zur Steigerung der Effizienz, zur Verbesserung des Kundenerlebnisses oder zur Erschließung neuer Märkte. Viele KMU fühlen sich jedoch von den Möglichkeiten überfordert, insbesondere wenn Zeit und Budget begrenzt sind. Dieses Kapitel zeigt, wie Unternehmen einfach und kostengünstig in die Digitalisierung einsteigen können.

Strategische Planung: Kleine Schritte mit großer Wirkung

Vor der Implementierung von Tools ist eine klare Zielsetzung entscheidend. Konzentrieren Sie sich zunächst auf die folgenden Fragen:

- Was soll verbessert werden? (z.B. Zeitersparnis, Kundengewinnung, Prozessoptimierung)
- Welche Ressourcen sind verfügbar? (Zeit, Personal, Budget)
- Wer wird die Werkzeuge nutzen? (z.B. interne Teams, externe Dienstleister)

Tipp: Verwenden Sie die SMART-Formel (Specific, Measurable, Attractive, Realistic, Timed), um Ihre Ziele zu formulieren. Beispiel: „Bis zum Ende des Quartals implementieren wir ein kostenloses Tool zur Verwaltung von Kundendaten".

Einführung digitaler Werkzeuge: Empfehlungen für Einsteiger

Projektmanagement und -organisation

Trello (kostenlose und kostenpflichtige Versionen):

Ideal für Aufgabenmanagement und Teamkoordination.

Verwendet visuelle Boards, um Projekte und Fortschritte im Auge zu behalten.

Asana (kostenlos bis 15 Nutzer):

Besonders geeignet für KMUs, die Aufgaben und Termine koordinieren müssen.

Lässt sich gut mit anderen Tools wie Slack und Google Drive integrieren.

Kundendatenverwaltung (CRM)

HubSpot CRM (kostenlos):

Einsteigerfreundlich und ideal zur Verwaltung von Kundendaten.

Ermöglicht die Verfolgung von Verkaufschancen und E-Mail-Kommunikation.

Zoho CRM (ab 0 € für Grundfunktionen):

Skaliert mit dem Unternehmen und bietet umfassende Kontaktmanagement- und Automatisierungsfunktionen.

Finanzen und Buchhaltung

SevDesk (ab 14,90 €/Monat):

Geeignet für kleine Unternehmen, um Rechnungen zu schreiben und die Buchhaltung zu organisieren. Weitgehend individuell anpassbar.

Lexware Office (ab 8 €/Monat):

Einfach zu bedienen, ideal für Steuerberater-Kooperationen.

Kostenlos: Wave-Anwendungen

Eine solide Option für kleine Unternehmen, die grundlegende Buchhaltungsfunktionen benötigen.

Kommunikation und Zusammenarbeit

Slack (kostenlose und Premium-Versionen):

Perfekt für Teamkommunikation und Dateiaustausch.

Lässt sich mit Tools wie Google Drive und Trello integrieren.

Zoom (kostenlose Grundversion verfügbar):

Bietet Videokonferenzen, Chats und Bildschirmfreigaben in einer intuitiven Plattform.

Marketing und Soziale Medien

Canva (kostenlos und Premium-Version):

Ein intuitives Design-Tool zur Erstellung professioneller Grafiken, Posts und Präsentationen.

Buffer (kostenlos für bis zu 3 Social-Media-Konten):

Effiziente Planung von Social-Media-Posts.

KlickTipp (ab 30 €/Monat):

Einfaches Tool für Newsletter, SMS und Marketing Automation

Cloud-Speicher und Backup

SecureCloud (ab 4,00 €/Monat):

DSGVO Konform mit Firmensitz & Speicherung in Deutschland

Dropbox Basic (kostenlos, 2 GB Speicherplatz):

Einfacher Einstieg in die Cloud-Speicherung.

Syncthing (kostenlos, Open Source):

Sicherer Dateiabgleich zwischen Geräten, ideal für Unternehmen mit Datenschutzbedenken.

Kosten sparen mit Open-Source-Alternativen

Open Source Software kann eine große Hilfe sein, besonders wenn das Budget begrenzt ist:

LibreOffice: Eine kostenlose Alternative zu Microsoft Office.

GIMP: Ein leistungsstarkes Bildbearbeitungsprogramm als Ersatz für Photoshop.

Nextcloud: Eine Selbsthosting-Option für Cloud-Speicher.

Odoo: Eine modulare Plattform, die CRM, Buchhaltung und Projektmanagement vereint.

Die wichtigsten KI-Tools für KMU – Potenziale ausschöpfen, Prozesse optimieren

KI ist nicht mehr nur für große Unternehmen oder IT-Spezialisten reserviert. Für kleine und mittlere Unternehmen (KMU) bietet Künstliche Intelligenz zahlreiche Möglichkeiten, Kosten zu senken, Zeit zu sparen und Prozesse zu automatisieren. Dieses Kapitel stellt Ihnen eine umfassende Auswahl an KI-Tools vor, die auf dem deutschen Markt verfügbar sind, von Texterstellung über Sprachverarbeitung bis hin zur Videogenerierung.

1. KI-Tools für Texterstellung und Übersetzung

a) Texterstellung

ChatGPT (OpenAI): Mit seiner leistungsstarken Sprachverarbeitung generiert ChatGPT schnell und präzise Texte für E-Mails, Blogs, Social-Media-Beiträge oder Marketing-Kampagnen. Es eignet sich auch für kreative Aufgaben wie Storytelling.

Claude (Anthropic): Bietet ähnliche Funktionen wie ChatGPT, jedoch mit einer stärkeren Ausrichtung auf kontextuelles Verständnis und längere Dokumente.

Gemini (Google): Eine fortschrittliche Plattform, die Texterstellung und Analyse kombiniert und für komplexere Geschäftsprozesse wie Berichterstellung oder strategische Analysen geeignet ist.

b) Übersetzung

DeepL: Als führendes Tool für Übersetzungen im deutschen Markt bekannt, bietet DeepL präzise Übersetzungen mit besonderem Fokus auf Sprachstil und Tonalität. Besonders geeignet für Marketing- und Vertragsübersetzungen.

Google Translate AI: Dank konstanter Verbesserungen durch KI auch für viele Anwendungsfälle geeignet, insbesondere wenn schnelle Übersetzungen benötigt werden.

2. KI-Tools für Sprachverarbeitung und Transkription

a) Transkription

Whisper (OpenAI): Ein fortschrittliches Tool für automatische Spracherkennung, das mehrsprachige Audiodateien zuverlässig transkribiert. Besonders hilfreich für KMU, die Interviews, Meetings oder Podcasts aufnehmen.

Otter.ai: Ideal für Echtzeit-Transkriptionen während Meetings und Webinars. Es bietet Notizfunktionen und ermöglicht eine nahtlose Integration in Plattformen wie Zoom.

b) Sprachgenerierung

ElevenLabs: Führend in der Generierung natürlicher Stimmen. Perfekt für KMU, die Hörbücher, Podcasts oder Sprachassistenten erstellen möchten.

Google Text-to-Speech: Eine leicht zugängliche Lösung für die Integration von Sprachfunktionen in Anwendungen.

3. Tools für Videogenerierung und visuelle Inhalte

a) Videogenerierung

Pictory: Konvertiert schriftliche Inhalte wie Blogs oder Skripte in professionelle Videos, komplett mit Voiceover und visuellen Elementen.

RunwayML: Ermöglicht die KI-gestützte Videobearbeitung, von Effekten bis hin zur automatischen Szenenerkennung.

Synthesia: Erstellt KI-generierte Videos mit virtuellen Moderatoren, ideal für E-Learning, Marketing und interne Schulungen.

b) Grafiken und Designs

Canva AI: Kombiniert das beliebte Design-Tool mit KI-Funktionen zur automatischen Erstellung von Vorlagen, Grafiken und Designs.

Adobe Firefly: Unterstützt Kreative mit KI-generierten Designvorschlägen und automatischer Bildbearbeitung.

4. KI-Tools für Datenanalyse und Organisation

a) Datenanalyse

Tableau: Ermöglicht die Visualisierung und Analyse komplexer Datensätze mit intuitiven Dashboards.

Microsoft Power BI: Kombiniert Daten aus verschiedenen Quellen und stellt sie übersichtlich dar. Ideal für Finanzberichte oder Verkaufsanalysen.

b) Organisation

Notion AI: Ergänzt das beliebte Organisationstool mit KI-Funktionen, die beim Erstellen von Meeting-Protokollen, Zusammenfassungen und Projektmanagement helfen.

Napkin: Unterstützt Kreative beim Strukturieren von Ideen und Notizen, indem es Inhalte visuell ansprechend darstellt.

5. KI-Tools für Kundenservice und Vertrieb

a) Kundenservice

Tidio: Kombiniert Live-Chat und Chatbots für eine nahtlose Kundenkommunikation. Mit automatisierten Antworten spart es Zeit und verbessert die Kundenerfahrung.

Zendesk AI: Automatisiert Tickets und priorisiert Anfragen basierend auf ihrer Relevanz.

b) Lead-Generierung und CRM

HubSpot CRM: Nutzt KI, um Verkaufschancen zu analysieren und Automatisierungen für die Kundenkommunikation zu implementieren.

Pipedrive: Ein vertriebsorientiertes CRM mit KI-Funktionen, die Verkaufsprozesse effizienter gestalten.

6. KI-Tools für Compliance und Datensicherheit

Microsoft Defender for Business: KI-basierte Sicherheitslösung für KMU, die Bedrohungen erkennt und Netzwerke schützt.

GDPRtool.io: Speziell für den deutschen Markt entwickelt, hilft dieses Tool Unternehmen, DSGVO-Anforderungen zu erfüllen.

7. KI-Tools für Marktforschung und Recherche

Perplexity AI: Eine Suchmaschine mit integriertem KI-Wissen, die präzise Antworten auf komplexe Fragen liefert und Recherchen beschleunigt.

AnswerThePublic: Identifiziert häufig gesuchte Themen und Fragen, die Unternehmen für Content-Strategien nutzen können.

8. KI-gestützte Cloud- und Kollaborationsplattformen

Google Workspace mit KI: Google Docs und Gmail bieten inzwischen KI-gestützte Funktionen, die Textentwürfe und E-Mail-Antworten automatisieren.

Microsoft 365 Copilot: Unterstützt Teams bei der Optimierung von Workflows, indem Dokumente automatisch zusammengefasst und Vorschläge gemacht werden.

Tipps für eine erfolgreiche Implementierung

Bedarfsanalyse und Zielsetzung

Der erste Schritt bei der Einführung neuer digitaler Werkzeuge ist eine gründliche Analyse. Identifizieren Sie die Bereiche, in denen digitale Tools die größten Effizienzgewinne oder Mehrwerte bringen können. Bewerten Sie Prozesse hinsichtlich ihrer Automatisierbarkeit, ihres Datenaufkommens und ihres Verbesserungspotenzials. Für KI-Tools ist es besonders wichtig, realistische Erwartungen zu setzen und zu prüfen, ob ausreichend qualitativ hochwertige Daten vorhanden sind, um den Einsatz erfolgreich zu machen.

Mitarbeiterschulung und Change Management

Neue Tools können nur dann effektiv genutzt werden, wenn die Belegschaft sie versteht und akzeptiert. Sorgen Sie für umfassende Schulungen, insbesondere wenn die Tools KI-Funktionen wie Automatisierung oder prädiktive Analysen beinhalten. Ergänzen Sie Schulungsmaßnahmen durch Webinare, Video-Tutorials oder praxisnahe Workshops, um eine barrierefreie Einführung zu fördern.

Pilotprojekte und iterative Umsetzung

Testen Sie digitale Tools zunächst in einem kleineren Rahmen, bevor sie unternehmensweit ausgerollt werden. Pilotprojekte ermöglichen es, Herausforderungen frühzeitig zu erkennen und Anpassungen vorzunehmen. Bei KI-Tools ist es besonders sinnvoll, mit klar definierten

Anwendungsfällen zu starten, die sich leicht messen lassen, um schnell greifbare Erfolge zu erzielen.

Praktische Tipps für die erfolgreiche Einführung digitaler Tools

Schrittweises Vorgehen

Beginnen Sie mit Werkzeugen, die hohe Priorität besitzen oder Prozesse betreffen, die sofortige Verbesserungen ermöglichen (z. B. Buchhaltung, Projektmanagement oder CRM-Systeme). Für KI-Tools bietet es sich an, Lösungen zu wählen, die häufige und datenintensive Aufgaben automatisieren können.

Team-Engagement und Akzeptanz schaffen

Binden Sie Ihr Team frühzeitig ein, um eine positive Einstellung gegenüber der neuen Technologie zu fördern. Transparente Kommunikation über die Vorteile und den Mehrwert, den die Tools für die Arbeit bieten, ist dabei entscheidend.

Kostenlose Testversionen und Evaluierung

Nutzen Sie Testphasen, um verschiedene Tools zu vergleichen. Achten Sie dabei besonders bei KI-Tools auf deren Benutzerfreundlichkeit, Anpassbarkeit und Integrationsmöglichkeiten in bestehende Systeme.

Feedback einholen und flexibel bleiben

Beziehen Sie Mitarbeitende kontinuierlich in die Verbesserung des Einsatzes ein. Regelmäßiges Feedback hilft, Schwächen frühzeitig zu erkennen und die Nutzung der Tools zu optimieren.

Datenschutz und Compliance beachten

Egal ob bei der Einführung digitaler Tools oder spezifischer KI-Lösungen: Datenschutz ist essenziell. Achten Sie darauf, dass die Tools den Datenschutzrichtlinien, wie der DSGVO, entsprechen. Insbesondere bei KI-Tools sollten Sie sicherstellen, dass sensible Daten geschützt bleiben und präzise verarbeitet werden.

Langfristige Perspektive: Digitalisierung als fortlaufender Prozess

Die Einführung digitaler Werkzeuge – insbesondere KI-gestützter Technologien – ist keine einmalige Maßnahme, sondern ein kontinuierlicher Optimierungsprozess. Planen Sie regelmäßige Evaluationsmeetings, um sicherzustellen, dass die Tools weiterhin Ihren Bedürfnissen entsprechen. Halten Sie sich über neue Entwicklungen auf dem Laufenden, um frühzeitig Chancen für weitere Innovationen zu erkennen.

Tipp: Setzen Sie ein bis zwei Mal jährlich ein Meeting an, um Feedback zu sammeln, neue Anforderungen zu definieren und innovative Technologien in Betracht zu ziehen.

2.2 Nachhaltigkeit: Der Schlüssel für langfristigen Erfolg

Warum Nachhaltigkeit ein Wettbewerbsvorteil ist

Nachhaltigkeit ist längst mehr als ein Trend. Für KMUs eröffnet sie Chancen, die weit über den ökologischen Aspekt hinausgehen. Richtig integriert, wird Nachhaltigkeit zum strategischen Erfolgsfaktor:

1. Kundengewinnung und -bindung

Immer mehr Verbraucher achten auf nachhaltige Produkte. Studien zeigen, dass 72 % der Konsumenten bereit sind, für umweltfreundliche Alternativen mehr zu bezahlen. Unternehmen, die ihre Werte glaubwürdig kommunizieren, schaffen Vertrauen und positionieren sich langfristig als bevorzugte Wahl in ihrem Marktsegment.

2. Kosteneinsparungen durch effizienten Ressourceneinsatz

Nachhaltigkeit schont nicht nur die Umwelt, sondern auch die Unternehmensressourcen. Maßnahmen wie der Umstieg auf erneuerbare Energien, die Reduktion von Verpackungsmaterialien oder Abfallmanagementsysteme tragen zur langfristigen Kostensenkung bei. So lassen sich Energieeinsparungen durch LED-Beleuchtung oder moderne Heiztechniken direkt in die Gewinnspanne umwandeln.

3. Zugang zu neuen Märkten

Immer mehr Geschäftspartner setzen auf Nachhaltigkeit entlang ihrer Lieferketten. Unternehmen, die ihre Prozesse entsprechend gestalten, verbessern ihre Chancen auf Zusammenarbeit mit großen Partnern und Zugang zu internationalen Märkten.

4. Attraktivität als Arbeitgeber

Nachhaltigkeit motiviert nicht nur Kunden, sondern auch Mitarbeitende. Gerade die jüngere Generation schätzt Unternehmen, die Verantwortung übernehmen. Nachhaltige Unternehmen ziehen talentierte Fachkräfte an und stärken ihre Arbeitgebermarke.

Die Herausforderung nachhaltigen Handelns

Nachhaltigkeit bedeutet mehr, als nur einzelne Maßnahmen zu implementieren. Es bedarf eines ganzheitlichen Ansatzes:

Strategischer Weitblick: Investitionen in nachhaltige Technologien zahlen sich oft erst langfristig aus. Unternehmer müssen die Geduld und Überzeugung mitbringen, diesen Weg konsequent zu gehen.

Kulturelle Verankerung: Nachhaltigkeit muss Teil der Unternehmens-DNA werden, nicht nur ein Marketingversprechen. Dies erfordert Bewusstseinsbildung auf allen Ebenen und regelmäßige Evaluierung.

Überwindung von Widerständen: Oft sind es interne Bedenken oder die Sorge vor höheren Kosten, die Nachhaltigkeit ausbremsen. Unternehmer müssen hier mit gutem Beispiel vorangehen und ihre Entscheidungen transparent machen.

Praxistipps für nachhaltiges Handeln

Energieeffizienz steigern

Starten Sie mit einfachen Maßnahmen wie dem Austausch ineffizienter Geräte, dem Einsatz smarter Heizungssteuerungen oder der Nutzung von Solarenergie.

Regionale Lieferanten stärken

Setzen Sie auf lokale Partner, um Transportwege und Emissionen zu reduzieren. Kurze Lieferketten fördern nicht nur Nachhaltigkeit, sondern stärken auch regionale Netzwerke.

Nachhaltige Produkte und Verpackungen entwickeln

Umweltfreundliche Materialien, langlebige Produkte und Recyclingmöglichkeiten sollten frühzeitig in den Entwicklungsprozess integriert werden.

Mitarbeitende einbinden

Bieten Sie Schulungen zu Themen wie Ressourcenschonung, nachhaltige Mobilität oder Abfallmanagement an. Mitarbeitende, die den Mehrwert erkennen, agieren motivierter und achtsamer.

Transparenz fördern

Kommunizieren Sie Ihre nachhaltigen Maßnahmen offen. Ob auf der Website, in sozialen Medien oder in Gesprächen mit Geschäftspartnern – zeigen Sie, wie Nachhaltigkeit bei Ihnen gelebt wird.

> *„Nachhaltigkeit ist nicht nur ein Ziel, sondern ein Weg, den Unternehmen täglich beschreiten müssen.“*

Mit diesen Ansätzen positionieren Sie Ihr Unternehmen nicht nur für 2025, sondern sichern sich langfristig einen strategischen Vorteil in einem zunehmend werteorientierten Markt.

2.3 Neue Arbeitsmodelle: Hybride Arbeit, flexible Arbeitszeiten und ihre Umsetzung in KMU

Die Arbeitswelt befindet sich in einem grundlegenden Wandel. Angetrieben von technologischen Innovationen, gesellschaftlichen Veränderungen und den Erfahrungen der Pandemie stehen hybrides Arbeiten und flexible Arbeitszeitmodelle im Zentrum dieser Transformation. Für KMU bieten diese Modelle enorme Chancen, die Effizienz zu steigern, die Mitarbeiterzufriedenheit zu erhöhen und im Wettbewerb um Fachkräfte zu punkten. Gleichzeitig erfordert ihre Einführung jedoch ein Umdenken in der Unternehmensführung und eine Investition in die Unternehmenskultur.

Hybride Arbeit: Chancen und Herausforderungen

Definition und Vorteile

Hybrides Arbeiten verbindet das Beste aus beiden Welten: produktive Präsenzzeiten im Büro und die Freiheit, von zuhause oder unterwegs zu arbeiten. Dieses Modell bietet nicht nur Flexibilität für die Mitarbeitenden, sondern auch erhebliche Vorteile für KMU:

Attraktivität als Arbeitgeber: Unternehmen, die hybride Modelle anbieten, ziehen qualifizierte Talente an – insbesondere aus jüngeren Generationen, die Autonomie und eine ausgewogene Work-Life-Balance schätzen.

Kostenersparnis: Weniger Bürofläche und geringere Reisekosten machen hybride Modelle finanziell attraktiv.

Produktivitätssteigerung: Studien belegen, dass Mitarbeitende, die flexibel arbeiten können, häufig fokussierter und motivierter sind.

Herausforderungen und Lösungsansätze

Hybride Arbeit bringt jedoch auch Herausforderungen mit sich. Diese können gemeistert werden, indem KMU folgende Maßnahmen umsetzen:

Technische Infrastruktur: Investieren Sie in zuverlässige Tools wie Projektmanagement-Software, Kommunikationsplattformen und sichere Netzwerke. Eine einmalige Investition in Technologie kann langfristig die Effizienz steigern.

Teamkultur und Kommunikation: Fördern Sie regelmäßige Team-Meetings, virtuelle Kaffeepausen und klare Kommunikationsregeln, um Isolation und Missverständnisse zu vermeiden.

Neue Führungskompetenzen: Führungskräfte müssen lernen, Ergebnisse statt Arbeitszeiten zu bewerten. Vertrauen und Empathie werden zu zentralen Bausteinen moderner Führung.

Flexible Arbeitszeitmodelle: Vielfalt und Individualität

Möglichkeiten flexibler Arbeitszeitgestaltung

Flexible Arbeitszeitmodelle bieten Mitarbeitern die Freiheit, ihre Arbeit besser an persönliche Bedürfnisse anzupassen. Typische Modelle umfassen:

Gleitzeit: Mitarbeitende haben Kernarbeitszeiten, können aber Beginn und Ende ihres Arbeitstages flexibel gestalten.

Vertrauensarbeitszeit: Es gibt keine festen Arbeitszeiten, sondern Zielvorgaben, die erreicht werden müssen.

4-Tage-Woche: Diese innovative Lösung reduziert die Wochenarbeitszeit, erhöht jedoch die tägliche Arbeitszeit.

Praxisbeispiel aus einem KMU

Ein IT-Unternehmen führt Vertrauensarbeitszeit ein. Die Ergebnisse:

- Die Arbeitszufriedenheit stieg um 35 %.
- Die Krankenstände reduzierten sich um 20 %.
- Die Projektabschlüsse verliefen schneller, da Mitarbeitende ihre produktivsten Zeiten nutzen konnten.

Praktische Schritte zur Umsetzung in KMU

Die Einführung hybrider und flexibler Arbeitsmodelle erfordert sorgfältige Planung. Hier ein Leitfaden in fünf Schritten:

Bedarfsanalyse durchführen

Analysieren Sie, welche Arbeitsmodelle für Ihre Branche und Ihre Unternehmensgröße geeignet sind. Berücksichtigen Sie dabei die Wünsche Ihrer Mitarbeitenden.

Pilotprojekte starten

Testen Sie neue Arbeitsmodelle in kleinen Teams. Nutzen Sie die Ergebnisse, um mögliche Hürden zu identifizieren und Anpassungen vorzunehmen.

Richtlinien entwickeln

Legen Sie klare Regeln für Erreichbarkeit, Leistungsmessung und Kommunikation fest. Transparenz ist entscheidend, um Unsicherheiten zu vermeiden.

Schulungen und Technologie einsetzen

Schulen Sie Ihr Team im Umgang mit neuen Tools und fördern Sie die Nutzung digitaler Plattformen, die Zusammenarbeit und Effizienz ermöglichen.

Feedbackkultur etablieren

Fördern Sie eine offene Feedbackkultur, um kontinuierlich Verbesserungen vorzunehmen und die Zufriedenheit Ihrer Mitarbeitenden zu steigern.

Die Zukunft neuer Arbeitszeitmodelle zeigt einen klaren Weg in Richtung Individualisierung, Flexibilität und der Integration technologischer Entwicklungen. Diese Veränderungen sind nicht nur Trends, sondern Antworten auf die sich wandelnden Bedürfnisse von Unternehmen und Arbeitnehmern. Der Fokus liegt auf einer nachhaltigen Balance zwischen Produktivität, Lebensqualität und technologischen Innovationen.

Flexibilisierung durch Technologie: Fortschritte wie Künstliche Intelligenz (KI) und Automatisierung ermöglichen es Unternehmen, Prozesse effizienter zu gestalten und gleichzeitig den Mitarbeitern größere Autonomie zu gewähren. Arbeitszeiten könnten dynamisch an persönliche Präferenzen und Arbeitsanforderungen angepasst werden. Intelligente Tools könnten Arbeitszeitmodelle in Echtzeit optimieren, um sowohl Unternehmensziele als auch individuelle Bedürfnisse zu berücksichtigen.

Hybridmodelle und Remote Work: Die Pandemie hat gezeigt, dass Remote Work in vielen Branchen möglich und produktiv ist. Die nächste Stufe könnte darin bestehen, diese Modelle durch Co-Working-Spaces und temporäre Büros zu erweitern, die weltweit zugänglich sind, um eine bessere Vereinbarkeit von Beruf und Privatleben zu fördern.

Projektbasierte Arbeitszeit: Anstatt einer festen Stundenanzahl könnten sich Arbeitszeiten stärker an Projekten orientieren. Mitarbeiter könnten nach Ergebnissen und Qualität bewertet werden, nicht nach der Zeit im Büro. Dies würde den Druck auf ständige Anwesenheit mindern und den Fokus auf Effizienz und Innovation lenken.

Kulturelle Veränderungen: Unternehmen, die sich für inklusivere Arbeitsmodelle entscheiden, könnten zu Vorreitern werden. Dazu gehört die Förderung von Jobsharing, Sabbaticals und Viertagewochen, die die Work-Life-Balance verbessern und Unternehmen für Talente attraktiver machen.

Internationale Zusammenarbeit: Mit der Globalisierung und digitalen Kommunikationsmitteln könnten Arbeitszeitmodelle zunehmend auf internationaler Ebene koordiniert werden. Teams könnten über verschiedene Zeitzonen hinweg arbeiten, was rund um die Uhr Innovation ermöglicht.

Gesundheitsorientierte Arbeitsmodelle: Die Integration von Gesundheitsförderung, wie Bewegungsphasen, Achtsamkeitsübungen und flexible Pausen, könnte Teil der Arbeitskultur werden. Solche Ansätze fördern das Wohlbefinden und reduzieren krankheitsbedingte Ausfälle.

Zukünftig könnten diese Ansätze in KMU und großen Unternehmen gleichermaßen integriert werden, um wettbewerbsfähig zu bleiben und eine Unternehmenskultur zu schaffen, die auf Respekt, Innovation und nachhaltigem Erfolg basiert. Unternehmen, die sich frühzeitig anpassen, sichern nicht nur ihre Mitarbeiterzufriedenheit, sondern auch ihre Marktposition.

„Erfolg ist kein Zufall, sondern das Ergebnis
von Flexibilität und Mut zur Veränderung.“

3. Personalisierung im Marketing: Wie Unternehmen durch gezielte Ansprache Vertrauen aufbauen

„Vertrauen ist die Währung des 21. Jahrhunderts." Dieses Zitat, das häufig im Zusammenhang mit dem digitalen Zeitalter zitiert wird, trifft insbesondere auf das Marketing zu. In einer Zeit, in der Kunden von Informationen überflutet werden, sticht ein Unternehmen nur dann hervor, wenn es seine Zielgruppe persönlich und authentisch anspricht. Personalisierung ist kein überflüssiges Extra mehr, sondern eine Notwendigkeit, um langfristig Vertrauen aufzubauen.

Der Mensch im Mittelpunkt: Warum Personalisierung so wichtig ist

Menschen wollen wahrgenommen und verstanden werden. Unternehmen, die ihre Kunden individuell ansprechen, signalisieren Wertschätzung. Diese Beziehung geht über den reinen Verkauf hinaus und schafft eine emotionale Bindung. „Wer seine Kunden wirklich kennt, kann sie auch nachhaltig begeistern", schreibe ich in meinem Buch Authentisch erfolgreich.

Ein gutes Beispiel ist der Onlinehandel: Plattformen wie Amazon oder Zalando nutzen Algorithmen, die auf Basis früherer Einkäufe und Interessen Produkte vorschlagen. Das Ergebnis? Der Kunde fühlt sich verstanden und spart Zeit. Aber auch kleine und mittlere Unternehmen (KMU) können von personalisierten Ansätzen profitieren, ohne Millionen in Technologie investieren zu müssen.

Praktische Tipps für die Umsetzung von Personalisierung

Zielgruppenanalyse als Basis

Der erste Schritt zu einer personalisierten Ansprache ist die genaue Kenntnis der Zielgruppe. Fragen wie „Was bewegt meine Kunden?", „Welche Probleme wollen sie lösen?" oder „Welche Werte sind ihnen wichtig?" sollten analysiert werden. Nutze Umfragen, Feedbackbögen oder Interviews, um ein klares Bild von deiner Zielgruppe zu bekommen.

Tipp: Erstelle Buyer Personas - Profile typischer Kunden. Jede Persona steht für eine bestimmte Zielgruppe mit individuellen Eigenschaften und Bedürfnissen. Sie helfen dir, deine Kommunikation gezielter auszurichten.

Inhalte personalisieren

Eine der einfachsten Möglichkeiten der Personalisierung liegt im Content. Anstelle von allgemeinen Newslettern können personalisierte E-Mails die Öffnungsrate um bis zu 20% steigern. Oft reicht schon die Anrede mit dem Namen oder ein Hinweis auf das zuletzt gekaufte Produkt.

Beispiel: Ein Restaurant könnte einem Kunden, der häufig vegetarisch bestellt, neue vegetarische Gerichte empfehlen. „Solche Kleinigkeiten zeigen dem Kunden: Wir kennen und schätzen dich", erkläre ich auch in der Beratung.

Daten verantwortungsvoll nutzen

Ohne Daten keine Personalisierung. Doch hier liegt die Herausforderung: Kunden legen großen Wert auf den Schutz ihrer Privatsphäre. Transparenz ist das A und O. Mache klar, welche Daten du sammelst und wie du sie verwendest.

Tipp: Führe regelmäßig Datenschutz-Audits durch und stelle sicher, dass deine Prozesse den aktuellen gesetzlichen Anforderungen wie der DSGVO entsprechen. Das Vertrauen der Kunden basiert auch auf einem sicheren und ethischen Umgang mit Daten.

Kundenservice personalisieren.

Ein weiterer Hebel ist der direkte Kundenkontakt. Ein gut geschulter Kundenservice kann nicht nur Probleme lösen, sondern auch mit einer personalisierten Ansprache punkten. Beispiel: Ein Kunde meldet sich mit einer Beschwerde. Ein Mitarbeiter, der sich im Vorfeld über die Kaufhistorie informiert hat, kann besser reagieren und das Gespräch auf einer persönlicheren Ebene führen.

Praktische Tools für die Personalisierung

Personalisierte Fotos und Videos

Visuell personalisierte Inhalte sind besonders effektiv, um Aufmerksamkeit zu erregen. Mit Tools wie Canva, Adobe Express oder Animoto lassen sich personalisierte Grafiken und Videos leicht erstellen. So können beispielsweise Geburtstagsgrüße mit dem Namen des Kunden oder speziell zugeschnittene Videobotschaften für Veranstaltungen erstellt werden.

Personalisierte Briefe und E-Mails

Dienste wie Mailchimp, Klaviyo oder ActiveCampaign bieten umfangreiche Möglichkeiten, personalisierte E-Mails auf Basis von Kundendaten zu erstellen. Der Versand von Briefen wird durch Tools wie Lob oder Postando vereinfacht, die individuelle Nachrichten auf hochwertigem Papier erstellen und versenden.

Tools für personalisierte Videos

Plattformen wie Vidyard oder Bonjoro bieten die Möglichkeit, personalisierte Videos aufzunehmen und direkt an Kunden zu versenden. Diese Videos können im Kundenservice oder bei Produktdemos eingesetzt werden und sorgen für eine besonders persönliche Note.

Automatisierung durch CRM-Systeme

CRM-Systeme wie HubSpot, Zoho oder Salesforce helfen, Kundendaten effizient zu verwalten und personalisierte Inhalte gezielt auszuspielen. Durch die Integration dieser Systeme mit Marketing Automation Tools kann Personalisierung skalierbar umgesetzt werden.

Interaktive Inhalte

Mit Plattformen wie Outgrow oder Typeform lassen sich interaktive Quizze, Umfragen oder Produktempfehlungen erstellen, die auf individuellen Vorlieben basieren. Der Kunde wird aktiv eingebunden und erhält ein personalisiertes Erlebnis.

Digitale Werkzeuge und Automatisierung: Helfer im Hintergrund

Auch wenn Personalisierung auf Empathie basiert, ist Technologie ein entscheidender Enabler. CRM-Systeme (Customer Relationship Management) wie HubSpot oder Salesforce helfen, Kundeninformationen zentral zu speichern und gezielt einzusetzen. Marketing Automation Tools wie Mailchimp oder ActiveCampaign können personalisierte Kampagnen skalierbar machen.

Wichtig: Technologie ist ein Werkzeug und kein Selbstzweck. Sie sollte dabei helfen, echte Beziehungen aufzubauen und nicht den Eindruck erwecken, dass die Kommunikation rein automatisiert abläuft.

Die Automatisierung von Workflows ist für kleine und mittelständische Unternehmen (KMU) ein entscheidender Schritt, um effizienter zu arbeiten und Ressourcen zu sparen. Tools wie n8n bieten eine ideale Lösung für Unternehmen, die komplexe Prozesse automatisieren möchten, ohne auf teure Software zurückzugreifen oder umfangreiche Programmierkenntnisse mitzubringen. n8n ist ein Open-Source-Tool, das flexible Automatisierungen ermöglicht, indem es verschiedene Anwendungen miteinander verbindet. Es unterstützt zahlreiche Integrationen, von E-Mail-Diensten über CRM-Systeme bis hin zu Datenbanken und Cloud-Diensten. Besonders hervorzuheben ist, dass n8n eine visuelle Oberfläche bietet, mit der Workflows per Drag-and-Drop erstellt werden können, wodurch technisches Know-how nur minimal erforderlich ist.

Weitere No-Code- oder Low-Code-Alternativen, wie Zapier oder Make (ehemals Integromat), richten sich ebenfalls an Nutzer ohne Programmierkenntnisse. Während diese Plattformen vor allem auf Benutzerfreundlichkeit setzen, punktet n8n mit seiner Flexibilität, Transparenz und dem Vorteil, auf eigenen Servern betrieben zu werden, was insbesondere für datensensible Unternehmen eine wichtige Rolle spielt. Durch die Nutzung solcher Tools können Unternehmen repetitive Aufgaben automatisieren, Zeit sparen und ihre Mitarbeiter für strategischere Aufgaben freisetzen.

Der langfristige Nutzen personalisierter Kommunikation

Personalisierung ist mehr als nur ein Marketingtrend. Studien zeigen, dass Kunden bereit sind, mehr zu bezahlen, wenn sie sich persönlich angesprochen fühlen. Zudem steigt die Loyalität: Ein Kunde, der sich verstanden fühlt, bleibt einem Unternehmen treu und empfiehlt es weiter.

„Die Kunst besteht darin, Personalisierung so umzusetzen, dass sie natürlich und nicht manipulativ wirkt", erklärt Simon Sinek, Autor von Start with Why. Dieses Vertrauen ist ein Wettbewerbsvorteil, den sich gerade KMU zunutze machen sollten.

Personalisierung ist der Schlüssel, um in einer überfüllten Marketingwelt Vertrauen aufzubauen. Ob durch gezielte E-Mails, empathischen Kundenservice oder datenbasierte Empfehlungen - die Möglichkeiten sind vielfältig und machbar. Unternehmen, die den Mut haben, ihre Kunden wirklich zu kennen und individuell anzusprechen, schaffen die Basis für langfristigen Erfolg.

4. Storytelling - Kunden emotional erreichen und eine authentische Marke schaffen

„Menschen kaufen nicht, was du tust, sondern warum du es tust." -
Simon Sinek

Warum Storytelling funktioniert

Geschichten sind tief in der Psyche des Menschen verankert. Sie sind unser ältestes Kommunikationsmittel und helfen uns, komplexe Informationen greifbar zu machen. Geschichten sprechen nicht nur unseren Verstand, sondern vor allem unser Herz an. Sie wecken Emotionen, schaffen Verbundenheit und bleiben im Gedächtnis. Studien zeigen, dass gut erzählte Geschichten Spiegelneuronen aktivieren, die uns die Handlung „miterleben" lassen. So entsteht eine tiefe Bindung - genau das, was erfolgreiche Marken brauchen.

Die Heldenreise als Rahmen für Ihre Markenstory

Die Heldenreise, ein Konzept des Mythenforschers Joseph Campbell, bietet eine universelle Struktur, die sich in fast jeder erfolgreichen Geschichte wiederfindet - von antiken Mythen bis zu Hollywood-Blockbustern. Dieses Modell eignet sich hervorragend, um Ihre Marke oder Ihre Produkte in eine fesselnde Geschichte einzubinden.

Der Ruf des Abenteuers

Der Held (Ihr Kunde) erkennt ein Problem oder eine Sehnsucht in seinem Leben. Diese Phase entspricht der Problemerkennung in der Customer Journey. Ihre Aufgabe ist es, den Kunden mit einer starken Botschaft zu diesem Abenteuer einzuladen.

Beispiel: „Haben Sie genug von komplizierter Buchhaltung? Mit unserer Software wird die Buchhaltung zum Kinderspiel".

Der Mentor tritt auf

Hier kommt Ihre Marke ins Spiel. Sie sind der Mentor, der den Kunden mit Werkzeugen, Wissen oder Unterstützung auf seiner Reise begleitet.

Beispiel: „Wir bieten Ihnen eine einfache Schritt-für-Schritt-Lösung, um Ihre Finanzen in Ordnung zu bringen".

Die Herausforderungen

Der Held (Kunde) wird mit Hindernissen konfrontiert. In dieser Phase wird gezeigt, wie Ihr Produkt oder Ihre Dienstleistung bei der Bewältigung der Herausforderungen hilft.

Beispiel: „Unsere Kunden berichten von bis zu 30 % Zeitersparnis durch automatisierte Prozesse".

Der Sieg

Der Kunde überwindet seine Herausforderungen und erreicht sein Ziel. Dies ist der emotionale Höhepunkt der Geschichte, der zeigt, wie Ihre Lösung einen echten Mehrwert bietet.

Beispiel: „Erleben Sie, wie sich Effizienz anfühlt - endlich mehr Zeit für das, was wirklich zählt".

Aufbau einer packenden Markengeschichte

Um die Heldenreise in Ihre Markenstory zu integrieren, gehen Sie wie folgt vor:

1. Finden Sie Ihr „Warum": Wie Simon Sinek sagt: „Warum" ist stärker als „Was". Warum existiert Ihre Marke? Welchen positiven Unterschied macht sie im Leben Ihrer Kunden?

2. Der Held ist Ihr Kunde: Ihr Kunde steht im Zentrum der Geschichte. Ihre Marke ist der Unterstützer, nicht der Held.

3. Emotionen sind der Schlüssel: Verbinden Sie sich mit den Wünschen und Ängsten Ihrer Zielgruppe. Fakten überzeugen, Emotionen gewinnen die Herzen.

4. Herausforderungen und Konflikte: Eine spannende Story braucht Konflikte. Zeigen Sie, welche Hürden Ihr Kunde überwinden muss und wie Sie ihm dabei helfen.

5. Authentizität durch echte Personen: Authentische Geschichten von Gründern, Mitarbeitern oder Kunden verleihen Ihrer Marke Persönlichkeit und Glaubwürdigkeit.

Praktische Tipps für die Umsetzung

Visual Storytelling: Setzen Sie Bilder und Videos ein, die Emotionen wecken und Geschichten lebendig werden lassen.

Konsistenz: Erzählen Sie Ihre Geschichte konsistent über alle Kanäle hinweg.

Emotionale Einstiegspunkte: Beginnen Sie mit einer spannenden Szene oder Frage.

Beispiele: Erzählen Sie Erfolgsgeschichten, die Ihre Vision veranschaulichen.

Eine Marke, die auf einer authentischen und emotionalen Geschichte basiert, bleibt im Gedächtnis und schafft langfristige Kundenbindung. Mit der Heldenreise als Basis machen Sie Ihre Kundinnen und Kunden zu Helden ihrer eigenen Geschichte - mit Ihrer Marke als verlässlichem Mentor.

4.1 Online-Kundenbindung: Social Media, Newsletter und direkte Kommunikation als Erfolgsfaktoren

In einer digitalen Welt, in der sich das Kundenverhalten rasant verändert, wird die Kunst der Kundenbindung zur Königsdisziplin. Eine starke Bindung zu bestehenden Kunden zu pflegen, kostet oft weniger Aufwand und Ressourcen als neue Kunden zu gewinnen. Social Media, Newsletter und direkte Kommunikation spielen dabei eine entscheidende Rolle.

Soziale Medien: Nähe schafft Vertrauen

Social Media bietet die Chance, Kundennähe authentisch zu leben. Plattformen wie Instagram, Facebook oder LinkedIn ermöglichen es, direkt mit Kunden in Kontakt zu treten und Einblicke hinter die Kulissen zu gewähren. Authentizität ist dabei das A und O. Wie ich in meinem Buch „Authentisch erfolgreich" betone: „Menschen kaufen nicht, was du tust, sondern warum du es tust". Zeigen Sie, wofür Ihr Unternehmen steht und erzählen Sie Geschichten, die Ihre Werte greifbar machen.

Praktische Tipps

Regelmäßigkeit: Ein konsistenter, auf die Zielgruppe abgestimmter Veröffentlichungsplan schafft Vertrauen. Teilen Sie Inhalte, die informieren, inspirieren oder unterhalten.

Interaktion: Reagieren Sie zeitnah auf Kommentare und Nachrichten. Kunden wollen gehört werden.

User Generated Content: Binden Sie Ihre Kunden ein, indem Sie ihre Inhalte teilen - sei es eine Bewertung, ein Foto mit Ihrem Produkt oder eine Erfolgsgeschichte.

Die Interaktion in sozialen Medien ist eine Chance, sich nicht nur als Unternehmen zu positionieren, sondern als Partner, der die Bedürfnisse seiner Kunden versteht.

Newsletter: Direkt und persönlich

E-Mail-Marketing wird oft unterschätzt, doch richtig eingesetzt kann ein Newsletter Wunder wirken. Er bietet die Möglichkeit, Kunden regelmäßig über Angebote, Neuigkeiten oder inspirierende Inhalte zu informieren. „Ein Newsletter ist wie ein persönlicher Brief an einen Freund - kurz, prägnant und wertvoll".

Praktische Tipps:

Segmentierung: Inhalte an unterschiedliche Zielgruppen anpassen. Nicht jeder Kunde hat die gleichen Interessen und Bedürfnisse.

Call-to-Action: Jeder Newsletter sollte ein Ziel haben, sei es ein Klick auf Ihre Website oder die Teilnahme an einer Aktion.

Schaffen Sie Mehrwert: Bieten Sie nützliche Informationen, z.B. Tipps, Anleitungen oder exklusive Einblicke.

Ein gut gemachter Newsletter ist kein Spam, sondern ein Türöffner, der die Beziehung zu Ihren Kunden festigt.

Direkte Kommunikation: Das persönliche Gespräch bleibt unersetzlich

In einer Welt der Automatisierung gewinnt das Persönliche immer mehr an Wert. Die direkte Kommunikation - sei es per Telefon, Chat oder von Angesicht zu Angesicht - ermöglicht es, individuell auf den Kunden einzugehen. Empathie und echtes Interesse sollten dabei im Vordergrund stehen.

Praktische Tipps:

Zuhören: Kunden wollen sich verstanden fühlen. Machen Sie sich Notizen und greifen Sie später darauf zurück.

Probleme aktiv lösen: Wenn ein Kunde ein Anliegen hat, nutzen Sie die Gelegenheit, um Vertrauen aufzubauen.

Nachfassen: Ein kurzes Nachfassen nach einem Verkauf oder einer Beratung zeigt Engagement und Wertschätzung.

Frei nach dem Motto: „Wer gibt, bekommt zurück. Ehrliche Kommunikation schafft eine emotionale Bindung, die kein Algorithmus ersetzen kann.

Der Mix macht's

Der Schlüssel zur Online-Kundenbindung liegt in der Kombination der genannten Kanäle. Social Media sorgt für Reichweite und regelmäßigen Kontakt, Newsletter bieten vertiefende Informationen und direkte Kommunikation stärkt die persönliche Bindung. Setzen Sie auf einen strategischen Mix, der auf die Bedürfnisse Ihrer Zielgruppe abgestimmt ist.

Denn am Ende des Tages zählt nicht, wie oft Sie mit Ihren Kunden sprechen, sondern wie sinnvoll und relevant diese Gespräche sind. Authentizität, regelmäßige Interaktion und ein offenes Ohr sind die Erfolgsfaktoren, um Ihre Kunden langfristig zu begeistern und an Ihr Unternehmen zu binden.

5. Das neue Jahr mit Klarheit und Konzentration beginnen

Jedes neue Jahr bietet die Chance, neu anzufangen, Gewohntes zu hinterfragen und sich auf das Wesentliche zu konzentrieren. Doch Klarheit und Fokus kommen nicht von selbst - sie sind das Ergebnis bewusster Entscheidungen und strukturierter Vorgehensweisen. In diesem Kapitel erfahren Sie, wie Sie mit zielgerichtetem Handeln und authentischer Orientierung das Jahr 2025 nicht nur erfolgreich, sondern auch erfüllend gestalten können.

Warum Klarheit entscheidend ist

„Erfolg ist das Ergebnis klarer Entscheidungen und konsequenter Umsetzung". Dieser Satz aus meinem Buch „Authentisch erfolgreich" beschreibt, warum Klarheit eine der zentralen Voraussetzungen für Fortschritt ist. Wer nicht genau weiß, wohin er will, wird von den täglichen Anforderungen zerrieben. Zu viele Unternehmer leben im Modus des Reagierens statt des Gestaltens. Klarheit aber gibt die Kraft, den Kurs vorzugeben und nicht nur auf äußere Umstände zu reagieren.

Ein bewährter Weg zu mehr Klarheit ist, sich folgende Fragen zu stellen:

1. Was sind meine wichtigsten Ziele für das kommende Jahr - beruflich und privat?

2. Welche Werte sollen meine Entscheidungen leiten?

3. Welche Aufgaben, Verpflichtungen oder Gewohnheiten kann ich loslassen, um Raum für Neues zu schaffen?

Konzentration auf das Wesentliche

Multitasking wird oft als Tugend gefeiert, doch in Wirklichkeit zersplittert es unsere Aufmerksamkeit und mindert unsere Effektivität. Der Unternehmer Richard Koch, bekannt geworden durch die 80/20-Regel, sagt: „Nur 20 Prozent unserer Aktivitäten bringen 80 Prozent der Ergebnisse". Das bedeutet: Sich auf das Wesentliche zu konzentrieren, ist nicht nur effizient, sondern unerlässlich. Was ist für Sie wirklich, wirklich wichtig?

Führen Sie ein Fokustagebuch: Notieren Sie eine Woche lang Ihre Aktivitäten und stellen Sie fest, welche davon Sie wirklich weiterbringen. Den Rest können Sie delegieren, automatisieren oder streichen. Ein weiterer Tipp: Nutzen Sie die Morgenstunden für Ihre wichtigsten Projekte, denn dann ist Ihre Energie am höchsten.

Die Magie der Morgenrituale

Ein strukturierter Start in den Tag bringt Klarheit und Struktur. Probieren Sie die folgenden Elemente aus:

Dankbarkeit: Schreiben Sie jeden Morgen drei Dinge auf, für die Sie dankbar sind.

Fokusfragen: „Was ist die eine Sache, die ich heute tun kann, die den größten Unterschied macht?"

Bewegung: Schon ein kurzer Spaziergang bringt den Kreislauf in Schwung und schärft den Geist.

„Wie wir die ersten Stunden des Tages verbringen, prägt den ganzen Tag." Diesen Grundsatz sollten Sie nutzen, um nicht in den Sog des Alltags zu geraten.

Kleine Schritte, große Wirkung

Niemand muss gleich alles perfekt machen. Oft sind es kleine, konsequente Schritte, die zu nachhaltigem Erfolg führen. Beginnen Sie mit einer 30-Minuten-Regel: Reservieren Sie sich jeden Tag 30 Minuten für eine Aufgabe, die Ihnen langfristig Nutzen bringt, sei es das Lesen eines inspirierenden Buches, das Entwickeln einer Strategie oder das Nachdenken über Ihr Unternehmensziel.

5.1 Zeitmanagement: Effektive Methoden, um Aufgaben zu priorisieren und zu delegieren

Zeit ist die einzige Ressource, die nicht vermehrbar ist. Gerade Unternehmer, die zwischen den Anforderungen ihres Unternehmens, ihrer Familie und ihren persönlichen Bedürfnissen balancieren, stehen vor der Herausforderung, ihre Zeit sinnvoll zu nutzen. „Ein guter Kapitän weiß, welche Segel er setzen muss, um den Sturm zu meistern", heißt es treffend in meinem Buch Authentisch erfolgreich. Dieser Leitgedanke soll uns durch dieses Kapitel führen, das zeigt, wie Aufgaben sinnvoll priorisiert und effektiv delegiert werden können.

Klarheit durch Priorisierung

Der erste Schritt zu einem effektiven Zeitmanagement ist das Setzen von Prioritäten. Doch wie entscheidet man, was wirklich wichtig ist? Hier hilft die Eisenhower-Matrix: Aufgaben werden in vier Kategorien eingeteilt - dringend und wichtig, nicht dringend aber wichtig, dringend aber nicht wichtig und weder dringend noch wichtig.

Praxistipp: Beginnen Sie den Tag mit einem „Prioritäten-Check". Fragen Sie sich: Was bringt mich heute wirklich weiter? Welche Aufgaben wirken sich langfristig auf mein Unternehmen oder mein Wohlbefinden aus? Konzentrieren Sie sich auf die wichtigen, aber nicht dringenden Aufgaben, um strategisch voranzukommen.

Mit Vertrauen und Klarheit delegieren

Delegieren ist keine Schwäche, sondern eine Stärke. Eine zentrale Aussage von Authentic Success lautet: „Die wahre Kunst der Führung besteht darin, Verantwortung zu teilen, nicht zu kontrollieren". Das bedeutet, dass Delegieren nicht nur entlastet, sondern auch die Entwicklung des Teams fördert.

Praktischer Ansatz:

Die richtigen Aufgaben auswählen: Delegieren Sie Routineaufgaben oder Aufgaben, die andere effizienter erledigen können.

Klare Kommunikation: Geben Sie klare Anweisungen, definieren Sie Erwartungen und Termine. Vermeiden Sie Missverständnisse durch offene Fragen wie „Was brauchen Sie, um diese Aufgabe erfolgreich zu erledigen?

Lernen Sie loszulassen: Vertrauen Sie auf die Fähigkeiten Ihrer Mitarbeiterinnen und Mitarbeiter. Kontrollieren Sie Ergebnisse, nicht Prozesse.

Methoden für den Alltag

Pomodoro-Technik: In 25-Minuten-Intervallen arbeiten und kurze Pausen einlegen. Diese Methode hilft, die Konzentration aufrechtzuerhalten und Überforderung zu vermeiden.

Stapelverarbeitung: Bündeln Sie gleichartige Aufgaben. Bearbeiten Sie z.B. E-Mails nur zu festen Zeiten, anstatt sich ständig ablenken zu lassen.

Zeitblockierung: Planen Sie Ihre Woche im Voraus und reservieren Sie Zeitfenster für Ihre wichtigsten Tätigkeiten. Schützen Sie diese Zeiten aktiv vor Unterbrechungen.

Warum „Nein sagen" wichtig ist

Ein oft übersehener Aspekt des Zeitmanagements ist die Fähigkeit, „Nein" zu sagen. Jedes „Ja" zu einer neuen Aufgabe ist ein „Nein" zu etwas anderem. „Nein" zu sagen erfordert Mut, spart aber Energie und Zeit für die wirklich wichtigen Dinge.

Kleiner Tipp: Üben Sie, höflich aber bestimmt „Nein" zu sagen, zum Beispiel so: „Das klingt spannend, aber ich habe gerade andere Prioritäten, die meine volle Aufmerksamkeit erfordern."

Die Balance halten

Effektives Zeitmanagement bedeutet nicht, jede Sekunde zu verplanen, sondern Raum für Flexibilität und Erholung zu lassen. Wie im Buch beschrieben, sorgt die Balance zwischen Yin und Yang - zwischen Aktivität und Ruhe - dafür, dass man langfristig leistungsfähig und zufrieden bleibt.

„Zeit ist das, was wir am meisten begehren, aber auch das, was wir am schlechtesten nutzen." Dieses Zitat von William Penn ist eine eindringliche Mahnung: Nutzen Sie Ihre Zeit bewusst, und sie wird zu Ihrem wertvollsten Verbündeten.

Mit diesen Methoden sind Sie bestens gerüstet, um das Jahr 2025 entspannt und mit klarem Fokus anzugehen.

5.2 Persönliche Ziele: Berufliche und private Ziele in Einklang bringen

In unserer schnelllebigen Welt fällt es vielen Menschen schwer, die Balance zwischen beruflichen und privaten Zielen zu halten. Diese Herausforderung können Sie durch bewusstes Setzen von Prioritäten und reflektierte Zielsetzung meistern. Der Schlüssel liegt darin, sich selbst und die eigenen Bedürfnisse zu verstehen und daraus klare, umsetzbare Schritte abzuleiten.

„Menschen, die das tun, was sie wirklich, wirklich wollen, brauchen keine Work-Life-Balance." Frithjof Bergmann

Die Bedeutung klarer Werte und Prioritäten

In meinem Buch „Authentisch erfolgreich" gehe ich intensiv darauf ein, dass Werte als Orientierungshilfe dienen. Sie sind der Kompass, um im überfüllten Alltag den richtigen Kurs zu setzen. Frei nach Immanuel Kant: „Handle so, dass die Maxime Ihres Willens jederzeit zugleich als Prinzip einer allgemeinen Gesetzgebung gelten könnte." Ihr Wertekanon beeinflusst alle Entscheidungen – ob diese sich harmonisch in Ihr Leben einfügen oder zu Konflikten führen.

Praktischer Tipp:

Erstellen Sie eine Liste Ihrer Werte und ordnen Sie diese nach ihrer Bedeutung für Ihr Leben. Fragen Sie sich: Welche dieser Werte spiegeln sich in meinen Zielen wider? Was kann ich verändern, um authentischer zu handeln? Diese Reflexion schafft Klarheit.

Das SMART-Prinzip für ausgewogene Ziele

Das SMART-Prinzip bietet eine bewährte Methode, um Ziele klar und realistisch zu formulieren:

- Spezifisch: Was genau möchten Sie erreichen?
- Messbar: Wie können Sie feststellen, ob Sie Ihr Ziel erreicht haben?
- Attraktiv: Warum ist dieses Ziel für Sie wichtig?
- Realistisch: Ist dieses Ziel mit Ihren Ressourcen erreichbar?
- Terminiert: Bis wann möchten Sie Ihr Ziel erreicht haben?

Beispiel für den Alltag:

Ein berufliches Ziel könnte lauten: „Bis zum 1. April 2025 ein digitales Tool entwickeln, das die Kundenkommunikation in meinem Unternehmen verbessert".

Parallel dazu: „Ich möchte jeden Dienstag zwei Stunden für meine Familie reservieren, ohne berufliche Unterbrechungen". Durch die Verknüpfung von beruflichen und privaten Zielen bleibt die Balance erhalten.

Balance durch Mikroziele

Große Visionen wirken oft überwältigend, besonders wenn sie berufliche und private Ziele gleichzeitig betreffen. Das Geheimnis liegt darin, große Ziele in kleine, erreichbare Einheiten – sogenannte Mikroziele – zu zerlegen. Diese Mikroziele machen Fortschritte sichtbar und motivieren.

Praktische Übung:

- Schreiben Sie ein großes Ziel auf.
- Teilen Sie es in Wochenschritte auf.
- Reflektieren Sie jeden Sonntag: Was habe ich erreicht, was kann ich ändern?

Ich bin der Meinung Spaß ist ein Indikator für das Vorhandensein eines Talents. Nutzen Sie diese Erkenntnis, um Aufgaben zu wählen, die Sie inspirieren und Ihnen sowohl beruflich als auch privat Freude bereiten.

Reflexion und Anpassung

Regelmäßige Reflexion ist unerlässlich, um sicherzustellen, dass die gesetzten Ziele mit Ihren Werten übereinstimmen. Fragen Sie sich selbst:

Erfüllen mich meine Aktivitäten mit Energie, oder rauben sie mir Kraft?

Geht mein beruflicher Erfolg auf Kosten meiner Gesundheit oder meiner privaten Beziehungen?

> *„Sei gebeugt und Du wirst gerade bleiben.*
> *Sei leer und Du wirst voll bleiben." Laozi (auch Lao-Tzu)*

Tipp: Nutzen Sie den Sonntag als Fixpunkt für eine kurze Selbstreflexion. Was ist gut gelaufen? Was könnte harmonischer sein?

Die Kunst des Nein-Sagens

Ein entscheidender Schritt zur Balance ist die Fähigkeit, klare Grenzen zu ziehen. Oft fühlen sich Unternehmerinnen und Unternehmer verpflichtet, „alles" zu tun – für ihre Kunden, ihre Familie, ihr Umfeld. Das führt auf Dauer zu Überforderung.

Praktischer Ansatz:

Fragen Sie sich bei jeder neuen Anfrage, die Ihren Zeitplan beeinflusst: Trägt diese Aktivität zu meinen beruflichen oder privaten Zielen bei? Wenn nicht, lehnen Sie sie höflich, aber bestimmt ab.

Harmonie ist ein Prozess

Berufliche und private Ziele in Einklang zu bringen, ist kein einmaliges Vorhaben, sondern ein kontinuierlicher Prozess. Es geht darum, bewusst und authentisch zu handeln, sich Zeit für Reflexion zu nehmen und immer wieder neu zu justieren. So wird das Jahr 2025 nicht nur erfolgreich, sondern auch erfüllend beginnen.

5.3 Der „Jahresanfangsplan": Konkrete Schritte für einen strukturierten Jahresbeginn

Ein neues Jahr bietet immer die Chance für einen Neuanfang. Doch wie nutzt man diese Energie, um das Jahr strukturiert und erfolgreich für sich und das Unternehmen zu gestalten? Ein klarer Plan hilft, den Übergang vom hektischen Jahresende zu einem produktiven Jahresbeginn zu meistern.

Zeit für Reflexion und Abschluss

Bevor Sie neue Projekte in Angriff nehmen, sollten Sie das vergangene Jahr bewusst abschließen. Fragen Sie sich: Was ist gut gelaufen? Was könnte verbessert werden? Ein schriftlicher Jahresrückblick hilft, Erkenntnisse für die Zukunft festzuhalten. Notieren Sie Ihre wichtigsten Erfolge und die Lehren, die Sie aus Herausforderungen gezogen haben. Der berühmte Unternehmer und Schriftsteller Peter Drucker sagte einmal: „Was gemessen wird, wird gemanagt". Halten Sie fest, welche Ziele Sie erreicht haben, und analysieren Sie, warum einige Projekte gescheitert sind.

Visionen und Ziele für das neue Jahr

Klären Sie Ihre langfristige Vision: Wo wollen Sie in einem, drei oder fünf Jahren stehen? Daraus können Sie konkrete Jahresziele ableiten. Verwenden Sie die SMART-Methode: Ziele sollten spezifisch, messbar, attraktiv, realistisch und terminiert sein. Beispiel: „Im ersten Quartal möchte ich fünf neue Kunden gewinnen, indem ich meine Marketingstrategie optimiere". Dieses Ziel schafft Fokus und Motivation.

Jahreskalender erstellen

Ein übersichtlicher Jahreskalender ist der Schlüssel zur Planung. Tragen Sie wichtige Termine wie Messen, Steuertermine oder Projektfristen frühzeitig ein. Vergessen Sie nicht, auch private Termine wie Urlaub oder Geburtstage einzuplanen. Ein ausgewogener Kalender verhindert Überlastung und schafft Klarheit. „Was du nicht vorhast, das tritt auch nicht ein", lautet ein Leitsatz des Zeitmanagements.

Reservieren Sie Zeit für strategische Planung

Reservieren Sie in Ihrem Kalender regelmäßig Zeitblöcke für strategische Überlegungen. Zum Beispiel einen halben Tag pro Monat. An diesen Terminen können Fortschritte überprüft und gegebenenfalls Kurskorrekturen vorgenommen werden.

Schaffen Sie Routinen für den Alltag

Mit klaren Routinen in den Tag starten: Ein kurzes Morgenritual, ein strukturierter Arbeitsbeginn und feste Zeitfenster für E-Mails oder Besprechungen. Routinen schaffen Stabilität und reduzieren die Belastung durch ständige Entscheidungen.

Fokussieren und Delegieren

Nehmen Sie sich die Zeit, Ihre Aufgabenliste zu überprüfen: Was sind die wirklich wichtigen Aufgaben? Was können Sie delegieren? Nutzen Sie Prinzipien wie das Eisenhower-Prinzip, um Dringendes von Wichtigem zu unterscheiden. Ein Unternehmer, der sich auf seine Kernaufgaben konzentriert, handelt effektiver und stressfreier.

Ein motivierender Start für das Team

Der Jahresbeginn ist auch eine gute Gelegenheit, das Team auf die gemeinsamen Ziele einzustimmen. Organisieren Sie einen Workshop oder ein Treffen, bei dem die Vision und die Prioritäten für das neue Jahr vorgestellt werden. Bieten Sie Raum für Feedback und Ideen, denn gemeinsame Ziele motivieren.

Gesundheit und Ausgleich einplanen

Vergessen Sie nicht, auf Ihre persönliche Gesundheit und Ausgeglichenheit zu achten. Planen Sie Sport, Entspannung und Zeit für Familie und Freunde genauso ein wie geschäftliche Projekte. Friedrich Nietzsche sagte: „Wer ein Warum hat, für den ist kein Wie zu schwer". Ihr Warum - Ihre persönlichen Werte und Ziele - gibt Ihnen Kraft und Richtung.

Schnelle Tipps für einen erfolgreichen Start

- Ziele visualisieren: Hängen Sie Ihre Jahresziele gut sichtbar auf, zum Beispiel als Poster oder digitalen Merkzettel.
- Kleine Erfolge feiern: Markieren Sie erreichte Meilensteine im Kalender und belohnen Sie sich oder Ihr Team.
- Technik nutzen: Digitale Tools wie Trello, Asana oder Notion helfen bei der Organisation und Zielverfolgung.

Ein strukturierter Jahresbeginn ist keine einmalige Aktion, sondern ein dynamischer Prozess. Indem Sie Ihre Planung regelmäßig überprüfen und flexibel anpassen, schaffen Sie die Grundlage für ein erfolgreiches Jahr.

6. Gesundheit und Wohlergehen als Erfolgsfaktoren

Gesundheit und Wohlbefinden sind die Basis für ein erfolgreiches Leben - privat wie beruflich. Doch gerade Unternehmer, die täglich mit zahlreichen Herausforderungen konfrontiert sind, stellen ihre Gesundheit häufig hinten an. Zwischen Terminen, strategischen Entscheidungen und dem Druck, ein Unternehmen zu führen, bleibt oft wenig Raum, um auf den eigenen Körper und Geist zu achten. Dabei liegt gerade hier eine der größten Chancen für langfristigen Erfolg: Ein gesunder Geist in einem gesunden Körper ermöglicht es, Herausforderungen nicht nur zu bewältigen, sondern mit Energie und Kreativität zu meistern.

Gesundheit ist in der heutigen Arbeitswelt weit mehr als eine Frage der persönlichen Fitness. Studien belegen immer wieder, dass gesunde Mitarbeiter produktiver, kreativer und belastbarer sind. Für Unternehmerinnen und Unternehmer gilt dies in doppelter Hinsicht: Sie sind nicht nur Vorbilder für ihre Teams, sondern tragen auch die Verantwortung, ihr Unternehmen durch turbulente Zeiten zu steuern. Die Fähigkeit, klare Entscheidungen zu treffen, kreativ zu denken und Herausforderungen mit kühlem Kopf zu meistern, hängt unmittelbar mit der körperlichen und geistigen Verfassung zusammen.

Gesundheit und Wohlbefinden bedeuten aber mehr als nur regelmäßig Sport zu treiben oder sich ausgewogen zu ernähren. Es geht um ein ganzheitliches Verständnis, das Körper, Geist und Seele in Einklang bringt. Themen wie ausreichend Schlaf, Zeit für Reflexion, Achtsamkeit und bewusstes Setzen von Prioritäten sind entscheidend, um eine Balance zwischen beruflichen Anforderungen und persönlichen Bedürfnissen zu finden.

Dieses Kapitel beleuchtet, wie Unternehmer durch gezielte Maßnahmen ihre Gesundheit stärken und ihr Wohlbefinden fördern können. Es zeigt, wie Bewegung, Ernährung und psychische Gesundheit als strategische Erfolgsfaktoren genutzt werden können. Darüber hinaus gibt es praktische Tipps und Denkanstöße, wie Gesundheit nicht nur in den eigenen Alltag, sondern auch in die Unternehmenskultur integriert werden kann. Denn nur wer sich selbst gut führt, kann auch sein Unternehmen erfolgreich führen.

In den folgenden Kapiteln erfahren Sie, wie Sie Ihre Gesundheit bewusst fördern können, warum Selbstfürsorge kein Luxus, sondern eine Notwendigkeit ist und wie sich Wohlbefinden positiv auf Ihre berufliche und persönliche Leistungsfähigkeit auswirkt. Lassen Sie uns gemeinsam den Weg zu mehr Balance und Lebensqualität gehen - für Ihren Erfolg im Jahr 2025 und darüber hinaus.

6.1 Psychische Gesundheit stärken: Achtsamkeit, Widerstandsfähigkeit und regelmäßige Pausen

In der hektischen Welt der Unternehmerinnen und Unternehmer ist die psychische Gesundheit ein oft unterschätzter, aber wesentlicher Erfolgsfaktor. Achtsamkeit, Resilienz und gezielte Pausen sind keine Luxusgüter, sondern essenzielle Kompetenzen für ein nachhaltiges und erfülltes Leben. Wie gelingt es Ihnen, psychische Gesundheit nicht nur als Notwendigkeit, sondern als tägliche Praxis zu etablieren?

Achtsamkeit: Aus der Gegenwart Kraft schöpfen

Achtsamkeit bedeutet, ganz im Hier und Jetzt zu sein. Das klingt einfach, ist jedoch eine der anspruchsvollsten Übungen in einem von Aufgaben überladenen Alltag. Ein bewusster Atemzug vor einem wichtigen Gespräch oder ein achtsamer Moment beim ersten Kaffee des Tages können wahre Wunder bewirken.

„Zwischen Reiz und Reaktion gibt es einen Raum. In diesem Raum liegt unsere Macht, unsere Reaktion zu wählen." Dieses Zitat von Viktor Frankl erinnert daran, dass bewusste Entscheidungen in der Ruhe entstehen.

Eine praktische Übung für den Alltag ist der sogenannte „Body Scan". Setzen oder legen Sie sich bequem hin, schließen Sie die Augen und lenken Sie Ihre Aufmerksamkeit nacheinander auf alle Körperregionen. Diese Technik hilft, Verspannungen zu erkennen und zu lösen – ideal, um in stressigen Momenten innezuhalten.

Resilienz: Innere Widerstandskraft stärken

Resilienz – die Fähigkeit, Rückschläge nicht nur zu überstehen, sondern gestärkt aus ihnen hervorzugehen – lässt sich trainieren. Eine wichtige Strategie ist der Perspektivenwechsel: Statt zu fragen: „Warum passiert mir das?", fragen Sie: „Was kann ich daraus lernen?" Diese Haltung verschiebt den Fokus von der Belastung zur Chance.

Dr. Edith Eger, Holocaust-Überlebende und Psychologin, betont: „Leid ist universell, aber wir können wählen, ob wir Opfer oder Überlebende sind." Ihre Worte zeigen, dass Resilienz keine Immunität gegen Stress ist, sondern die Fähigkeit, immer wieder aufzustehen.

Führen Sie ein „Dankbarkeitstagebuch", in dem Sie täglich drei Dinge notieren, für die Sie dankbar sind. Diese einfache Übung lenkt Ihren Blick auf das Positive und stärkt Ihre psychische Widerstandskraft.

Regelmäßige Pausen: Mikropausen statt Marathonarbeit

Pausen sind kein Zeichen von Schwäche, sondern ein strategisches Element für nachhaltigen Erfolg. Wissenschaftliche Studien belegen, dass kurze Pausen die Konzentration steigern und Burnout vorbeugen.

Eine effektive Methode ist die „Pomodoro-Technik": Arbeiten Sie 25 Minuten konzentriert und machen Sie dann 5 Minuten Pause. Nutzen Sie diese Zeit, um aufzustehen, sich zu dehnen oder einen kurzen Spaziergang zu machen.

Eine weitere bewährte Methode ist das Power-Napping. Ein kurzer Mittagsschlaf von 10 bis 20 Minuten kann Ihre Produktivität erheblich steigern. Denken Sie daran: „Wer keine Zeit für seine Gesundheit hat, wird irgendwann Zeit für Krankheit haben."

Tipps für den Alltag

Beginnen Sie den Tag mit einer Atemübung: Zählen Sie beim Einatmen bis vier, halten Sie die Luft an und atmen Sie bis acht aus. Diese Technik beruhigt den Geist und reduziert Stresshormone.

Planen Sie Pausen bewusst ein: Legen Sie feste Zeiten für Entspannung fest. Ein Spaziergang an der frischen Luft hilft, die Gedanken zu ordnen.

Schaffen Sie digitale Entgiftungszonen: Verbanne Sie elektronische Geräte aus Ihrem Schlafzimmer und planen Sie regelmäßige Offline-Zeiten ein.

Psychische Gesundheit ist kein einmaliges Ziel, sondern eine kontinuierliche Reise. Durch die Kombination von Achtsamkeit, Resilienz und regelmäßigen Pausen können Sie nicht nur effektiver arbeiten, sondern auch ein erfüllteres Leben führen. Wie der Dalai Lama treffend sagt: „Ruhe ist der Schlüssel zu innerer Stärke."

6.2: Förderung der körperlichen Gesundheit: Bewegung, Ernährung und erholsamer Schlaf

Einleitung: Gesundheit als Basis Körperliche Gesundheit ist eine der Grundvoraussetzungen für langfristigen Erfolg und Wohlbefinden. Sie ist kein Luxus, sondern eine Notwendigkeit, um den täglichen Herausforderungen mit Energie und Konzentration begegnen zu können. In diesem Kapitel zeigen wir Ihnen, wie Sie mit einfachen Strategien Ihre Gesundheit in den drei Bereichen Bewegung, Ernährung und Schlaf stärken können.

Bewegung

Energie in Fluss bringen Bewegung ist nicht nur ein Mittel, um fit zu bleiben, sondern auch ein kraftvolles Mittel, um Stress abzubauen und den Geist zu klären. Schon eine moderate Aktivität wie ein täglicher 30-minütiger Spaziergang kann die Stimmung heben und die Kreativität fördern.

Praktischer Tipp: Kombinieren Sie Bewegung mit Routine. Führen Sie beispielsweise Telefonate im Gehen oder nutzen Sie die Mittagspause für einen kurzen Spaziergang. „Bewegung ist die einzige Investition in Ihre Gesundheit, die sich garantiert sofort auszahlt", heißt es im Buch Authentisch erfolgreich.

Wenn Sie wenig Zeit haben, versuchen Sie es mit Intervalltraining: Eine Methode, um in kurzer Zeit maximale Effekte zu erzielen. Zwei bis drei Trainingseinheiten à 20 Minuten pro Woche reichen oft aus, um die Fitness zu steigern. Bei der Tabata-Methode zum Beispiel wechseln sich 20 Sekunden intensive Aktivität mit 10 Sekunden Pause ab, insgesamt also 4 Minuten.

Kleiner Tipp: Halten Sie Bewegung ganz oben auf Ihrer Agenda. Sie wäre die erste Aufgabe, die Sie niemals „streichen" würden.

Ernährung

Nährstoffreich und bewusst Essen ist der Treibstoff für Körper und Geist. Eine ausgewogene Ernährung ist entscheidend, um Müdigkeit, Konzentrationsprobleme und Stimmungstiefs zu vermeiden. Dabei geht es nicht um strenge Diäten, sondern um eine bewusstere Auswahl der Lebensmittel.

Grundregel: Unverarbeitete, nährstoffreiche Lebensmittel wie Gemüse, Obst, Vollkornprodukte und gesunde Fette bevorzugen. „Lebe einfach, aber nahrhaft" ist ein Grundsatz der

Traditionellen Chinesischen Medizin, der im Zusammenhang mit dem Ernährungskreislauf im Buch Authentisch erfolgreich hervorgehoben wird.

Eine praktische Möglichkeit ist Meal Prep - das Planen und Zubereiten von Mahlzeiten für mehrere Tage. Auf diese Weise vermeiden Sie ungesunde Alternativen, wenn die Zeit knapp wird. Auch das Mitnehmen von gesunden Snacks wie Nüssen oder Obst hilft, den Versuchungen zu widerstehen.

Optimieren Sie Ihre Trinkgewohnheiten: Trinken Sie über den Tag verteilt ausreichend Wasser, um Kreislauf und Konzentration aufrecht zu erhalten. Als Faustregel gilt: 1,5 bis 2 Liter pro Tag, je nach Aktivität.

Erholsamer Schlaf

Der unterschätzte Erfolgsfaktor Schlaf ist die dritte Säule Ihrer Gesundheit. Schlafmangel führt nicht nur zu Müdigkeit, sondern kann langfristig auch die Leistungsfähigkeit und Gesundheit beeinträchtigen. Das Buch zeigt, dass ein stabiler Tagesrhythmus für den Körper ebenso wichtig ist wie für ein Unternehmen.

Etablieren Sie eine Abendroutine: Mindestens 30 Minuten vor dem Schlafengehen helle Bildschirme meiden, um die Melatoninproduktion nicht zu stören. Stattdessen helfen entspannende Rituale wie Lesen oder Meditation, den Geist zur Ruhe zu bringen.

Ein fester Schlafrhythmus - auch am Wochenende - kann Wunder wirken. Versuchen Sie, jeden Tag zur gleichen Zeit ins Bett zu gehen und aufzustehen, um den biologischen Rhythmus zu stabilisieren.

Schlaftipp: Energie tanken mit Power Napping. Ein kurzer Schlaf von maximal 20 Minuten am Nachmittag kann die Konzentration und Produktivität am Ende des Tages verbessern.

Kleine Schritte, große Wirkung

Körperliche Gesundheit ist die Summe vieler kleiner Entscheidungen. Wer Bewegung, Ernährung und Schlaf mit seinem Lebensstil in Einklang bringt, gewinnt nicht nur an Vitalität, sondern auch an Lebensqualität. Wie heißt es so schön: „Ihr Körper ist Ihr wichtigstes Werkzeug - behandeln Sie ihn wie einen wertvollen Partner".

Probieren Sie aus, was Ihnen Spaß macht und in Ihren Alltag passt. Mit den hier vorgestellten Ansätzen legen Sie den Grundstein für ein gesundes und erfolgreiches Jahr 2025 - und weit darüber hinaus.

6.3 Work-Life-Balance: Familie und Hobbys trotz vollem Terminkalender pflegen

Der Spagat zwischen beruflichen Verpflichtungen und der Pflege von Beziehungen und Hobbys ist für viele Unternehmer eine tägliche Herausforderung. Dabei ist eine gute Balance zwischen Arbeit, Familie und Freizeit nicht nur ein Wunsch, sondern ein zentraler Baustein für langfristige Gesundheit und Erfolg. Wie gelingt es, Familie und Hobbys auch bei vollem Terminkalender aktiv zu leben?

Prioritäten setzen und kommunizieren

Eine der wichtigsten Fähigkeiten ist es, Prioritäten zu setzen. Stephen Covey sagte: „Das Wichtige darf nicht dem Dringenden zum Opfer fallen". Was für die Arbeit gilt, gilt auch für das Privatleben. Planen Sie bewusst Zeit für Familie und Hobbys ein und kommunizieren Sie diese Termine klar, sowohl im beruflichen als auch im privaten Umfeld. Ein gemeinsames Abendessen oder ein Wochenende mit den Kindern sollte in Ihrem Kalender den gleichen Stellenwert haben wie ein wichtiges Meeting.

Rituale schaffen

Rituale schaffen Struktur und geben Orientierung - gerade in stressigen Zeiten. Beispiele dafür sind ein regelmäßiger Spieleabend mit der Familie oder ein fester Termin für den Lieblingssport. Solche festen Zeiten sorgen für Verlässlichkeit und schaffen wertvolle Momente des Zusammenhalts. Schon eine kurze Morgenroutine wie das gemeinsame Frühstück kann sich positiv auswirken und den Tag für alle Beteiligten harmonisch beginnen lassen.

Zeit im Alltag effektiv nutzen

Kleine Pausen bewusst nutzen, um Kontakte zu knüpfen. Ein Anruf während der Autofahrt, um sich nach der Schule oder dem Arbeitstag zu erkundigen, oder eine gemeinsame Tasse Tee am Abend stärken Beziehungen auch in kurzen Zeitfenstern. Das Prinzip der „Quality Time" - weniger, dafür bewusst gelebte Zeit - ist hier entscheidend.

Klare Grenzen ziehen

Die Vermischung von Berufs- und Privatleben ist heute eine der größten Gefahren für die Work-Life-Balance. Setzen Sie klare Grenzen: Halten Sie Ihre Wochenenden möglichst frei von beruflichen Aufgaben und schaffen Sie Zonen ohne Handy und Laptop, zum Beispiel beim Abendessen. Studien zeigen, dass selbst kurze Auszeiten von digitalen Geräten Beziehungen verbessern und Stress abbauen können.

Familie und Hobbys integrieren

Hobbys müssen nicht immer alleine ausgeübt werden. Vielleicht gibt es eine Sportart oder ein Projekt, das man gemeinsam mit der Familie oder Freunden durchführen kann. Das stärkt nicht nur den Zusammenhalt, sondern schafft auch unvergessliche Erinnerungen. Auch Kinder können in kleinere Aufgaben eingebunden werden, wenn Sie sich einem neuen Hobby widmen.

Delegieren und Nein sagen

Viele Unternehmer fühlen sich verpflichtet, alles selbst zu machen. Doch wer Verantwortung abgibt, schafft Freiräume. Im Betrieb können Mitarbeiterinnen und Mitarbeiter entlastet, im Privatleben Dienstleistungen wie Haus- und Gartenarbeit ausgelagert werden. Auch ein klares „Nein" zu Tätigkeiten, die nicht den eigenen Werten oder Zielen entsprechen, spart Zeit.

Die eigene Gesundheit im Fokus

Denken Sie daran: Sie können nur für andere da sein, wenn es Ihnen selbst gut geht. Eine gute Work-Life-Balance beginnt mit dem bewussten Umgang mit sich selbst. Planen Sie feste Zeiten für Entspannung, Sport und gesunde Ernährung ein. Ein Abendspaziergang ist zum Beispiel ein wunderbarer Ausgleich nach einem langen Arbeitstag.

Kleine Tipps für den Alltag:

- Familienkalender nutzen: Ein übersichtlicher Kalender hilft, alle Verpflichtungen zu koordinieren.
- Mini-Auszeiten: Schon kurze Ruhepausen wie 5 Minuten Meditation laden die Batterien wieder auf.
- Gemeinsame Ziele setzen: Urlaub oder Projekte gemeinsam planen und sich darauf freuen.
- Zitate als Motivation: „Das Leben ist wie eine Reise, Silvester wie ein Kilometerzähler". Erinnern Sie sich mit motivierenden Sprüchen an Ihre Fortschritte.

Work-Life-Balance ist kein statischer Zustand, sondern ein Prozess. Mit bewusster Planung und klaren Prioritäten schaffen Sie es, sowohl Ihrer Familie als auch Ihren Hobbys Raum zu geben, ohne dabei Ihre beruflichen Ziele aus den Augen zu verlieren.

6.4 Selbstfürsorge-Rituale - Praktische Ideen für Unternehmer, um gesund zu bleiben

Als Unternehmer tragen Sie oft eine immense Verantwortung und jonglieren zahlreiche Aufgaben, die an Ihrer Energie und Gesundheit zehren. Selbstfürsorge ist daher kein Luxus, sondern eine Notwendigkeit. Denn nur ein gesunder Körper und Geist kann die Herausforderungen des Unternehmertums auf Dauer meistern. Hier sind einige praktische Ansätze, um Selbstfürsorge in den Alltag zu integrieren - inspirierend, umsetzbar und motivierend.

Morgenrituale: Der Tag beginnt mit sich selbst

Ein erfolgreicher Tag beginnt mit einem Moment der Ruhe. Statt gleich zum Handy zu greifen, nehmen Sie sich zehn Minuten Zeit für eine bewusste Atemübung. Setzen Sie sich aufrecht hin, atmen Sie tief ein, halten Sie die Luft kurz an und atmen Sie langsam wieder aus. Das macht den Kopf frei und bereitet Sie auf die Herausforderungen des Tages vor.

Tipp: Machen Sie ein Morgenjournal. Notieren Sie drei Dinge, auf die Sie sich freuen und eine Aufgabe, die Ihre Konzentration erfordert. Das hilft, Prioritäten zu setzen und positiv in den Tag zu starten.

Bewegung als Energiequelle

Bewegung ist der Schlüssel zu körperlicher und geistiger Gesundheit. Planen Sie drei bis vier Einheiten pro Woche ein - sei es Yoga, Joggen oder ein Spaziergang an der frischen Luft. Studien zeigen, dass bereits 20 Minuten moderate Bewegung am Tag Stress abbauen und die Konzentration fördern können.

Kurzes Workout: Versuchen Sie es mit der „3x3-Methode": drei Übungen (z. B. Kniebeugen, Liegestütze und Ausfallschritte), die jeweils drei Minuten dauern. Dieses kompakte Training ist ideal für einen vollen Terminkalender.

Digitale Entgiftungszonen schaffen

Ständige Erreichbarkeit ist für Unternehmer oft ein Muss, kann aber auch zu Überforderung führen. Legen Sie bewusst bildschirmfreie Zeiten fest - zum Beispiel während der Mahlzeiten oder eine Stunde vor dem Schlafengehen. Nutzen Sie diese Momente, um zu lesen, zu meditieren oder einfach still zu sein.

„Manchmal ist das Beste, was man tun kann, nichts zu tun".

Ernährung: Kleine Änderungen, große Wirkung

Eine ausgewogene Ernährung ist entscheidend, um langfristig gesund und leistungsfähig zu bleiben. Statt radikaler Diäten helfen kleine Veränderungen wie regelmäßige Mahlzeiten, viel Wasser und der Fokus auf frische Lebensmittel.

Tipp: Legen Sie sich Snacks wie Nüsse, Obst oder Gemüsesticks bereit. So vermeiden Sie den Griff zu ungesunden Alternativen, wenn der kleine Hunger kommt.

Pausen als strategische Maßnahme

- Kurze Pausen erhöhen die Produktivität und verringern die Erschöpfung. Nutzen Sie die „Pomodoro-Technik": Arbeiten Sie 25 Minuten konzentriert, gefolgt von fünf Minuten Pause. Längere Pausen können für einen Spaziergang oder einen Power-Nap genutzt werden.
- Power-Nap: Ein 15-minütiger Mittagsschlaf verbessert die Konzentration und baut Stress ab. Schaffen Sie sich im Büro eine ruhige Ecke für diesen Energieschub.

Dankbarkeit als täglicher Begleiter

Dankbarkeit ist nicht nur ein Gefühl, sondern auch eine Handlung. Schreiben Sie abends drei Dinge auf, für die Sie dankbar sind. Dieses Ritual stärkt die Resilienz und hilft, den Tag positiv abzuschließen.

> *„Dankbarkeit verwandelt das, was wir haben, in genug".* Melody Beattie

Die Balance finden

Unternehmerinnen und Unternehmer stehen oft im Spannungsfeld zwischen Karriere und Familie. Klare Zeitfenster für berufliche und private Verpflichtungen können helfen, eine bessere Balance zu finden. Ein Wochenplan mit festen Zeiten für Familie, Freunde und Hobbys schafft Struktur und verhindert, dass die Arbeit das Privatleben komplett vereinnahmt.

Inspiration: Warum nicht einmal in der Woche ein „Digital Detox Dinner" mit der Familie organisieren? Kein Handy, keine E-Mails - nur Zeit zum Reden und Genießen.

Selbstfürsorge ist ein Prozess, der nicht nur körperliche, sondern auch geistige Kraft gibt. Indem Sie diese Rituale in Ihren Alltag integrieren, schaffen Sie die Grundlage für nachhaltigen Erfolg - für sich selbst, für Ihr Unternehmen und für Ihre Mitmenschen.

7. Praktische Anwendungen von KI in KMU: Neue Wege zu Effizienz und Innovation

Die rasante Entwicklung der Künstlichen Intelligenz (KI) in den letzten Jahren hat die Arbeitsweise von Unternehmen grundlegend verändert. Für kleine und mittlere Unternehmen (KMU) eröffnen sich nun Möglichkeiten, die bisher großen Konzernen vorbehalten waren. Technologien, die noch vor wenigen Jahren wie futuristische Science-Fiction klangen, sind heute zugänglich und erschwinglich. Doch was genau bedeutet das für ein KMU, das sich oft durch knappe Ressourcen bei gleichzeitig hoher Flexibilität auszeichnet?

KI ist im Wesentlichen darauf ausgelegt, Prozesse zu vereinfachen, Muster zu erkennen und Entscheidungen zu erleichtern. Sie kann sowohl repetitive als auch datenintensive Aufgaben übernehmen und so mehr Raum für strategisches Denken schaffen. Dabei ist KI kein starrer Mechanismus, sondern ein Werkzeug, das an die individuellen Bedürfnisse eines Unternehmens angepasst werden kann. Ein bekannter KI-Vordenker, Andrew Ng, bringt es auf den Punkt: „KI ist die neue Elektrizität. Sie ist unsichtbar, aber in ihrer Wirkung tiefgreifend und für jede Branche unverzichtbar.

Stellen Sie sich vor, Ihr Unternehmen ist ein Orchester, und KI ist der Dirigent, der alle Instrumente harmonisch aufeinander abstimmt. Von der Buchhaltung über das Marketing bis hin zum Kundenservice bietet KI Lösungen, die nicht nur Zeit und Kosten sparen, sondern auch die Qualität der Arbeit verbessern. Der große Vorteil: Wer KI einsetzt, muss nicht alles auf einmal umstellen. Man kann klein anfangen, Erfahrungen sammeln und dann die Anwendungsbereiche schrittweise erweitern.

Vielfältige Einsatzmöglichkeiten

Ein Bereich, in dem KI einen erheblichen Mehrwert bietet, ist die Buchhaltung und Finanzverwaltung. Software wie QuickBooks oder DATEV SmartReports automatisiert nicht nur Routineaufgaben, sondern liefert auch wertvolle Einblicke in die Geschäftsentwicklung. So können Unternehmen zukünftige Einnahmen prognostizieren und finanzielle Risiken frühzeitig erkennen.

Im Marketing revolutioniert KI die Kundenansprache. Plattformen wie HubSpot nutzen KI, um Kampagnen zielgerichtet zu gestalten. Noch nie war es so effizient, die richtige Botschaft zum richtigen Zeitpunkt zu platzieren. Mithilfe von Algorithmen können Kundenpräferenzen analysiert und Trends frühzeitig erkannt werden.

Auch im Kundenservice spielt KI ihre Stärken aus. Chatbots wie die von Zendesk oder Freshdesk stehen rund um die Uhr zur Verfügung, um einfache Anfragen zu beantworten. Diese „digitalen Mitarbeiter" ermöglichen es den menschlichen Kolleginnen und Kollegen, sich auf komplexere Aufgaben zu konzentrieren.

Die Personalisierung des Kundenerlebnisses ist ein weiterer Meilenstein, den KI erreichen kann. Tools wie Personyze passen den Inhalt von Websites automatisch an das Nutzerverhalten an und erhöhen so die Wahrscheinlichkeit, dass Besucher zu Kunden werden. Die Effizienz, mit der solche Systeme arbeiten, ist beeindruckend - und sie lernen mit jedem neuen Datensatz dazu.

Der Anfang: Klein, aber mit großer Wirkung

Der Einstieg in die Welt der KI muss nicht kompliziert sein. Wählen Sie zunächst einen Bereich, in dem sich wiederholende oder zeitintensive Aufgaben anfallen. Zum Beispiel könnte ein Buchhaltungsassistent erste Erleichterung bringen. Geben Sie dem System Zeit zu lernen, denn KI wird umso besser, je mehr qualitativ hochwertige Daten sie verarbeitet.

Ein weiteres Schlüsselelement ist die Schulung Ihres Teams. Oft scheitert die Einführung neuer Technologien nicht an der Technik, sondern an der Akzeptanz der Mitarbeiter. Sorgen Sie für eine offene Kommunikation und bieten Sie Schulungen an, um mögliche Berührungsängste abzubauen.

Nicht zuletzt sollten Kosten und Nutzen neuer KI-Tools sorgfältig analysiert werden. Ein einfacher ROI-Rechner kann dabei helfen, fundierte Entscheidungen zu treffen.

Gemeinsam in die Zukunft

KI ist kein Allheilmittel, aber sie bietet eine außergewöhnliche Chance, Unternehmensprozesse zu verändern. Dabei geht es nicht darum, Menschen durch Maschinen zu ersetzen, sondern menschliche Stärken durch intelligente Technik zu ergänzen. Stellen Sie sich vor, wie viel Zeit Sie für kreative Projekte gewinnen könnten, wenn Routinearbeiten von einer zuverlässigen KI erledigt würden.

Die Reise zu einem effizienteren und innovativeren Management beginnt heute. Machen Sie den ersten Schritt und entdecken Sie, wie KI Ihr KMU bereichern kann - sowohl in der täglichen Arbeit als auch in der strategischen Ausrichtung.

7.1 Werkzeuge für KMU: Leicht zugängliche KI-Anwendungen mit hohem Nutzen

Die digitale Transformation birgt enorme Chancen für kleine und mittlere Unternehmen (KMU), auch wenn die Vielzahl neuer Technologien zunächst überwältigend erscheinen mag. Leicht zugängliche KI-Werkzeuge bieten KMU die Möglichkeit, ihre Effizienz zu steigern, Ressourcen zu schonen und Innovationspotenziale auszuschöpfen. Im Vergleich zu herkömmlichen IT-Systemen zeichnen sich diese Werkzeuge durch intuitive Bedienbarkeit und oft erschwingliche Kosten aus, wodurch sie auch für Unternehmen mit begrenzten Ressourcen erschwinglich sind.

Warum KI für KMU unverzichtbar wird

Künstliche Intelligenz (KI) ist mehr als ein Trend, sie ist ein strategischer Wettbewerbsvorteil. Unternehmen können repetitive Aufgaben automatisieren, Daten effizient analysieren und personalisierte Kundenerlebnisse schaffen. Gerade für KMU, die oft mit begrenzten personellen und finanziellen Ressourcen arbeiten, ist KI ein wirksames Mittel, um über sich hinauszuwachsen. Von der Kundenkommunikation über interne Abläufe bis hin zur Entscheidungsfindung kann KI helfen, Prozesse zu vereinfachen und intelligentere Entscheidungen zu treffen.

KI in der Praxis: Werkzeuge für verschiedene Anwendungsbereiche

Kundenkommunikation optimieren

KI-gestützte Chatbots wie ChatGPT oder Landbot bieten die Möglichkeit, Kundenanfragen automatisiert und rund um die Uhr zu beantworten. Diese Tools sind einfach einzurichten und erfordern keine aufwändige IT-Integration. Sie eignen sich besonders für die Beantwortung wiederkehrender Fragen, während komplexere Anfragen weiterhin vom Team bearbeitet werden.

Tipp: Führen Sie eine Pilotphase durch, um den Nutzen eines Chatbots zu testen. Viele Anbieter bieten kostenlose oder kostengünstige Einstiegsmodelle an.

Marketingprozesse beschleunigen

KI-Anwendungen wie Jasper oder Writesonic generieren Inhalte für Social Media, Websites oder Newsletter, die Sie individuell anpassen können. Analysetools wie Hotjar oder Google Analytics nutzen KI, um Kundenverhalten zu interpretieren und Kampagnen zielgerichtet zu gestalten.

Praxisbeispiel: Ein Online-Shop könnte durch KI-generierte Produktbeschreibungen und automatisierte A/B-Tests die Konversionsrate steigern.

Automatisierte Buchhaltung

Plattformen wie FastBill, sevDesk oder Lexoffice automatisieren zeitintensive Buchhaltungsprozesse. KI-basierte Systeme erkennen Belege automatisch, erstellen Umsatzübersichten und schlagen Steueroptimierungen vor.

Tipp: Nutzen Sie die Integrationen dieser Tools mit Ihrem Bankkonto, um Zahlungsabgleiche in Echtzeit durchzuführen.

Verbesserung der internen Organisation

Projektmanagement-Tools wie Notion und Monday nutzen KI, um Aufgaben zu priorisieren und Zeitpläne zu optimieren. Diese Anwendungen sind besonders hilfreich für Teams, die agil arbeiten und dynamisch auf Kundenanforderungen reagieren müssen.

Hinweis: Viele dieser Tools bieten kostenlose Testversionen an, die eine einfache Evaluierung ermöglichen.

Kreativität mit Design-Tools fördern

Tools wie Canva oder Runway ML vereinfachen die Gestaltung von Grafiken und Videos. Sie nutzen künstliche Intelligenz, um Designs vorzuschlagen und Inhalte für verschiedene Plattformen zeitsparend zu optimieren.

Tipp: Canva eignet sich besonders für KMU ohne eigene Designabteilung. Die Vorlagen sind vielfältig und erfordern keine tiefgreifenden Vorkenntnisse.

KI für die unternehmerische Gesundheit

Neben betriebswirtschaftlichen Vorteilen kann KI auch die persönliche Gesundheit von Unternehmern unterstützen. Wearables wie Fitbit oder Garmin messen Stresslevel und Herzfrequenz, während Apps wie Headspace oder Calm geführte Meditationen zum Stressabbau anbieten.

Tipp: Nutzen Sie KI-basierte Schlaftracker wie Sleep Cycle, um Schlafmuster zu analysieren und gezielt Verbesserungen vorzunehmen.

Individuelle Lösungen entwickeln

Während Standardanwendungen einen einfachen Einstieg bieten, können maßgeschneiderte KI-Lösungen spezifische Anforderungen abdecken. Zum Beispiel können Tools wie Zapier oder Make verschiedene Systeme automatisiert miteinander verbinden, so dass Arbeitsabläufe nahtlos ineinander greifen.

Einladung: Wenn Sie individuelle Unterstützung bei der Implementierung oder Entwicklung solcher Tools benötigen, stehe ich Ihnen gerne beratend zur Seite. Gemeinsam entwickeln wir Lösungen, die perfekt auf Ihre Bedürfnisse zugeschnitten sind – einfach Kontakt aufnehmen: mail@greinerteam.de

7.2 Vorsicht Überforderung: KI gezielt und nachhaltig einsetzen

Chancen und Risiken von KI im unternehmerischen Alltag

Künstliche Intelligenz (KI) ist für viele KMU ein vielversprechendes Werkzeug, um Prozesse zu optimieren, Zeit zu sparen und neue Geschäftsfelder zu erschließen. Doch wer blind auf jedes neue KI-Tool setzt, läuft Gefahr, sich zu verzetteln. Der richtige Einsatz von KI erfordert Strategie, klare Ziele und vor allem: Augenmaß. Henry Ford sagte einmal: „Zusammenkommen ist ein Anfang, Zusammenbleiben ist ein Fortschritt, Zusammenarbeiten ist ein Erfolg." Dieser Gedanke passt auch auf die Einführung von KI: Sie funktioniert nur, wenn Menschen, Prozesse und Technologien harmonieren.

Praktische Ansätze für den nachhaltigen Einsatz von KI

1. Mit einer klaren Problemanalyse beginnen

Finden Sie zunächst heraus, welche Aufgaben in Ihrem Unternehmen tatsächlich von KI übernommen werden können. Ziel ist es nicht, alles zu automatisieren, sondern gezielt Entlastung zu schaffen. Fragen Sie sich: Welche Prozesse sind besonders zeitintensiv? Wo schleichen sich häufig Fehler ein? KI kann zum Beispiel repetitive Aufgaben wie Datenanalyse oder Terminplanung effizienter gestalten.

Tipp: Probieren Sie kostenlose Tools aus, um erste Erfahrungen zu sammeln. Plattformen wie ChatGPT oder Trello mit KI-Integration ermöglichen einen niedrigschwelligen Einstieg.

2. Passende Tools auswählen

Es gibt KI-Lösungen für fast jede Branche, aber nicht jede Lösung ist für Ihre Bedürfnisse geeignet. Vergleichen Sie Funktionen, Kosten und Support der Anbieter. Oft sind spezialisierte Werkzeuge effektiver als große Alleskönner.

Beispiel: Ein Tischlereibetrieb kann ein KI-gestütztes Planungstool zur Berechnung des Materialbedarfs nutzen, während ein Dienstleistungsunternehmen mit einer KI-gestützten CRM-Software die Kundenzufriedenheit steigern kann.

3. Datenhoheit behalten

Ein zentrales Thema ist der Datenschutz. Sensible Kunden- oder Mitarbeiterdaten sollten nicht leichtfertig in externe KI-Systeme eingespeist werden. Überlegen Sie, ob eine lokale Lösung für Ihr Unternehmen sinnvoller ist oder prüfen Sie die Datenschutzrichtlinien Ihrer Anbieter.

„Vertrauen ist gut, Kontrolle ist besser -
besonders wenn es um Daten geht"

4. Schulen sie ihr Team

Kein System funktioniert automatisch. Mitarbeiterinnen und Mitarbeiter müssen verstehen, wie die eingesetzten KI-Lösungen funktionieren und welche Aufgaben sie übernehmen können. Schulungen fördern die Akzeptanz und minimieren Fehler.

Tipp: Beginnen Sie mit kurzen Tutorials oder Workshops, um Hemmschwellen abzubauen und praktische Anwendungsbeispiele aufzuzeigen.

Balance zwischen Automatisierung und menschlichem Einsatz

KI kann vieles, aber sie ersetzt nicht Empathie, Kreativität oder soziale Interaktion. Gerade im Mittelstand, wo der persönliche Kontakt oft der Schlüssel zum Erfolg ist, bleibt der Mensch die wichtigste Ressource. Ein Kunde akzeptiert vielleicht die automatisierte E-Mail-Bestätigung, schätzt aber das persönliche Gespräch.

Schritt für Schritt zur Integration

- Testen Sie im Kleinen: Starten Sie mit Pilotprojekten in einzelnen Abteilungen und werten Sie die Ergebnisse aus.

- Regelmäßig überprüfen: Passen Sie die eingesetzten Tools an, sobald sich die Anforderungen ändern.

- Fokus auf ROI: Setzen Sie KI dort ein, wo sie messbare Vorteile bringt - nicht weil es ein Trend ist.

Mit Strategie und Fingerspitzengefühl zum erfolgreichen KI-Einsatz

KI ist ein mächtiges Werkzeug, wenn sie mit Bedacht eingesetzt wird. Sie kann Zeit und Ressourcen sparen, ohne den persönlichen Kontakt oder die Werte Ihres Unternehmens zu gefährden. Wenn Sie klar definieren, was Sie erreichen wollen, und Ihre Mitarbeiterinnen und Mitarbeiter aktiv einbeziehen, wird KI zur treibenden Kraft - und nicht zur Belastung.

Ein inspirierender Gedanke zum Schluss:

„Technologie soll den Menschen entlasten, nicht ersetzen." - Ein Grundsatz, der insbesondere für kleine und mittlere Unternehmen gilt, die auch im Jahr 2025 nicht nur wettbewerbsfähig, sondern auch menschlich bleiben wollen.

7.3 Einsatzmöglichkeiten von KI: Fokus auf Content-Erstellung

Künstliche Intelligenz (KI) eröffnet kleinen und mittleren Unternehmen (KMU) zahlreiche Möglichkeiten, ihre Content-Strategien effizienter und kreativer zu gestalten. Im digitalen Zeitalter ist Content einer der zentralen Erfolgsfaktoren, um Sichtbarkeit, Vertrauen und Kundenbindung zu fördern. In diesem Kapitel konzentrieren wir uns darauf, wie Unternehmer KI gezielt einsetzen können, um Content zu erstellen, und wo sie sich weitere Unterstützung holen können. Einige der Tools haben Sie bereits im Kapitel zur Digitalisierung kennen gelernt.

Content-Erstellung: Kreativität trifft Effizienz

Ob Blogartikel, Social-Media-Posts, Newsletter oder Videoinhalte – KI-Tools haben das Potenzial, den Content-Erstellungsprozess deutlich zu beschleunigen. Sie liefern Ideen, optimieren Texte und erstellen sogar multimediale Inhalte, die auf Zielgruppen zugeschnitten sind.

Praxistipps zur Nutzung von KI in der Content-Erstellung

Texte generieren: Tools wie Jasper AI, Writesonic oder neuroflash helfen bei der Erstellung von Blogartikeln, SEO-Texten und Social-Media-Beiträgen. Sie können bestehende Inhalte erweitern oder komplett neue Inhalte vorschlagen.

Visuelle Inhalte erstellen: Canva mit „Magic Write" oder Adobe Express bieten Funktionen zur Kombination von Texten und Designs. Sie ermöglichen es, schnell und einfach hochwertige Grafiken zu erstellen.

Video-Content automatisieren: Pictory oder Synthesia verwandeln Texte in ansprechende Videos mit KI-generierten Stimmen und Animationen.

SEO und Content-Optimierung: Frase.io oder SurferSEO analysieren bestehende Inhalte und geben Optimierungsvorschläge, um sie sichtbarer zu machen.

> *„Die wahre Kunst der KI liegt nicht darin, das Menschliche zu ersetzen, sondern die Basis zu schaffen, auf der unsere Kreativität erblühen kann."*

Wo Unternehmer sich Tipps holen können

Eine der größten Herausforderungen bei der Einführung von KI in die Content-Strategie ist der Einstieg. Viele Unternehmer fühlen sich von der Vielzahl an Tools überwältigt. Doch es gibt zahlreiche Anlaufstellen, um sich gezielt zu informieren:

Webinare und Online-Kurse

Webinare sind eine hervorragende Möglichkeit, Grundlagen der KI-gestützten Content-Erstellung zu lernen. Sie sind oft kostenlos und bieten praxisorientierte Inhalte.

KI-Café der Körtings: Dieses Format vermittelt praxisnah, wie KI im Alltag von KMU eingesetzt werden kann. Es bietet regelmäßig Webinare zu spezifischen Themen wie Content-Strategie. (https://go.die-koertings.com)

SwissMadeMarketing: Diese Plattform bietet Tools und Schulungen, insbesondere für die Erstellung von SEO-optimierten Texten und Webseiten. (https://www.swissmademarketing.com)

HubSpot Academy: Bietet kostenlose Kurse zu Inbound-Marketing und Content-Strategie, oft mit KI-gestützten Ansätzen. (https://academy.hubspot.de/)

LinkedIn Learning: Hier finden Sie zahlreiche Kurse zu KI und Content-Marketing, oft geleitet von Branchenexperten. (https://www.linkedin.com/learning)

Networking-Events und Meetups

Lokale Veranstaltungen oder Online-Communities bieten die Gelegenheit, sich mit anderen Unternehmern auszutauschen. Beispiele:

KI-Meetups in Ihrer Region: Plattformen wie Meetup.com oder Eventbrite listen regelmäßig Veranstaltungen.

Fachmessen: Messen wie die DMEXCO in Deutschland oder die O'Reilly AI Conference bieten tiefe Einblicke und Networking-Möglichkeiten.

Fachliteratur und Blogs

Neben Webinaren und Kursen bieten Fachblogs und Literatur wertvolle Einsichten:

Der Blog von **neuroflash** gibt Tipps zur Textautomatisierung.

Marketing AI Institute veröffentlicht Studien und Trends zur Content-Erstellung mit KI.

Die Rolle der Authentizität

Trotz der vielfältigen Einsatzmöglichkeiten von KI sollte Authentizität immer im Vordergrund stehen. KI liefert Werkzeuge, doch der menschliche Feinschliff sorgt dafür, dass die Inhalte wirklich überzeugen. Unternehmer sollten sich daher die Zeit nehmen, generierte Inhalte anzupassen und mit ihrer persönlichen Note zu versehen.

Lassen Sie sich von der Technologie inspirieren, aber bewahren Sie Ihre Handschrift. Denn erst in der Kombination aus KI und persönlicher Kreativität entsteht Content, der begeistert.

Mit den richtigen Tools und Ressourcen können Unternehmer ihre Content-Erstellung revolutionieren und effizienter gestalten. Nutzen Sie die Vielfalt der Angebote, um Ihre Content-Strategie zu stärken, und bleiben Sie offen für neue Entwicklungen. Das Jahr 2025 kann der Beginn Ihrer Content-Revolution sein.

8 Persönliche Entwicklung im Jahr 2025

Das Jahr 2025 bietet unzählige Möglichkeiten zur persönlichen Weiterentwicklung. Der erste Schritt, um diese Chancen zu nutzen, ist jedoch, sich bewusst Zeit für Reflexion zu nehmen und das eigene innere Gleichgewicht zu stärken. Persönliche Weiterentwicklung bedeutet nicht nur, neue Fähigkeiten zu erlernen oder Ziele zu erreichen - sie ist vielmehr ein kontinuierlicher Lern- und Wachstumsprozess, der von einer klaren Selbstwahrnehmung und dem Mut zur Veränderung lebt.

Sich selbst erkennen: Der Schlüssel für ein erfolgreiches Jahr

„Wer andere kennt, ist klug. Wer sich selbst kennt, ist weise." Dieses Zitat von Laotse erinnert uns daran, dass der Weg zu mehr Erfolg und Zufriedenheit immer bei uns selbst beginnt. Nehmen Sie sich zu Beginn des neuen Jahres bewusst Zeit, um innezuhalten und Bilanz zu ziehen: Welche Erfahrungen des vergangenen Jahres haben Sie gestärkt? Welche Herausforderungen haben Sie gemeistert? Und wo wollen Sie im neuen Jahr ansetzen?

Eine wirkungsvolle Methode zur Reflexion ist das Führen eines Tagebuchs. Schreiben Sie regelmäßig auf, welche Erkenntnisse und Erlebnisse Sie besonders geprägt haben. Oft ergibt sich daraus ein Muster, das Ihnen hilft, Ihre Werte und Ziele klarer zu erkennen. Probieren Sie es aus: Schreiben Sie jeden Abend eine Sache auf, für die Sie dankbar sind, und einen Gedanken, den Sie loslassen möchten.

Praktische Tipps für Ihre persönliche Entwicklung

Ziele konkretisieren

Formulieren Sie Ihre Ziele für das kommende Jahr nicht nur allgemein, sondern konkret und realistisch. Die SMART-Formel (spezifisch, messbar, attraktiv, realistisch, terminiert) kann Ihnen dabei helfen. Beispiel: Statt „Ich möchte mehr Sport treiben" könnte Ihr Ziel lauten: „Ich gehe ab Januar zweimal pro Woche 30 Minuten joggen".

Neue Perspektiven entdecken

Planen Sie jeden Monat eine Aktivität, die Sie aus Ihrer Komfortzone herausführt. Das kann ein Kurs in einem völlig neuen Bereich sein, ein Treffen mit inspirierenden Menschen oder eine Reise an einen unbekannten Ort. Neue Erfahrungen erweitern den Horizont und helfen, kreative Lösungen zu finden.

Gewohnheiten entwickeln

Kleine, positive Routinen sind oft die Basis für große Veränderungen. Versuchen Sie zum Beispiel, den Tag mit einer kurzen Morgenmeditation oder einem zehnminütigen Spaziergang zu beginnen. Solche Gewohnheiten geben Struktur und positive Impulse für den ganzen Tag.

Mentoren und Netzwerke nutzen

Lassen Sie sich von Menschen inspirieren, die in Bereichen, die Sie interessieren, erfolgreich sind. Suchen Sie gezielt den Austausch, stellen Sie Fragen und geben Sie eigene Erfahrungen weiter. Ein unterstützendes Netzwerk kann eine wichtige Quelle für Motivation und Wachstum sein.

Reflexion als täglicher Begleiter

Bewusste Reflexion sollte nicht nur am Jahresende stattfinden. Gönnen Sie sich regelmäßig Momente der Ruhe, um Ihre Fortschritte zu überprüfen und die nächsten Schritte zu planen. Ein einfacher Ansatz ist die 10-Minuten-Regel: Nehmen Sie sich jeden Abend zehn Minuten Zeit, um den Tag Revue passieren zu lassen. Was ist Ihnen besonders gut gelungen? Wofür sind Sie dankbar? Und was wollen Sie morgen anders machen?

„Entwicklung bedeutet nicht, dass wir uns völlig neu erfinden müssen. Es bedeutet, das Beste in uns zu fördern und immer wieder neue Facetten zu entdecken." Dieser Gedanke ermutigt dazu, den eigenen Weg mit Freude und Neugier zu gestalten.

Im Jahr 2025 geht es nicht nur darum, mehr zu erreichen, sondern vor allem darum, sich selbst besser zu verstehen und im Einklang mit den eigenen Werten zu handeln. Nutzen Sie dieses Jahr, um neue Wege zu gehen, sich selbst zu stärken und bewusster zu leben. Die Reise beginnt mit dem ersten Schritt - und der liegt ganz bei Ihnen.

8.1 Innehalten und Reflektieren: Methoden zur Selbstreflexion und Zielüberprüfung

Das Leben eines Unternehmers ist oft ein ständiger Marathon. Doch gerade in diesen Momenten des „immer weiter" liegt die Gefahr, den Überblick zu verlieren. Der Schlüssel zu nachhaltigem Erfolg liegt nicht nur in der Fähigkeit, sich Ziele zu setzen, sondern auch in der Fähigkeit, innezuhalten und zu reflektieren. Der römische Philosoph Seneca sagte einmal: „Nicht der Wind, sondern die Segel bestimmen die Richtung". Deshalb ist es wichtig, immer wieder innezuhalten und die Segel neu zu setzen.

Warum ist Reflexion so wichtig?

Selbstreflexion hilft, Klarheit über die eigenen Ziele, Prioritäten und Herausforderungen zu gewinnen. Sie ist wie ein innerer Kompass, der uns durch die Komplexität des Lebens- und Geschäftsalltags führt. Ohne sie besteht die Gefahr, sich von äußeren Anforderungen leiten zu lassen und den Bezug zu den eigenen Werten und Zielen zu verlieren.

Praktische Methoden zur Selbstreflexion

Das Tagebuch als Spiegel

Ein Tagebuch ist mehr als eine Sammlung von Ereignissen. Es ist ein Werkzeug, um Gedanken, Gefühle und Entscheidungen zu ordnen. Jeden Abend 10 Minuten für Fragen wie „Was ist heute gut gelaufen?", „Worüber habe ich mich geärgert?" oder „Was habe ich gelernt?" reichen aus, um Muster zu erkennen und die Qualität von Entscheidungen zu verbessern.

Der Rückblick im Kalenderformat

Einmal im Monat kannst du deinen Kalender durchgehen und dir folgende Fragen stellen:

- Welche Aktivitäten haben wirklich zu meinen Zielen beigetragen?
- Wo habe ich mich verzettelt?
- Was möchte ich im nächsten Monat anders machen?

Diese Methode hilft, Prioritäten klarer zu setzen und das Wesentliche nicht aus den Augen zu verlieren.

Spaziergänge mit Fokus

Bewegung und frische Luft fördern die Klarheit der Gedanken. Nimm dir bewusst Zeit für einen Spaziergang - ohne Handy. Konzentriere dich dabei auf eine zentrale Frage: „Bin ich auf dem richtigen Weg?" oder „Welches Ziel ist mir jetzt wirklich wichtig?". Oft kommen die besten Einsichten, wenn man die gewohnte Umgebung verlässt.

Mind-Mapping für den Überblick

Nimm ein großes Blatt Papier und schreibe dein Hauptziel in die Mitte. Von dort aus zeichnest du die Unterziele, Hindernisse und Ressourcen, die du brauchst. Diese visuelle Darstellung zeigt oft Zusammenhänge auf, die in der Hektik des Alltags übersehen werden.

Zielüberprüfung: Bin ich noch auf dem richtigen Weg?

Nicht jedes Ziel bleibt aktuell und das ist auch gut so. Ziele sollten regelmäßig auf ihre Aktualität hin überprüft werden. Eine hilfreiche Methode dafür ist das STOP-Prinzip:

Stopp: Halt an und überprüfe, ob das Ziel noch zu deinen Werten passt.

Reflect: Welche Auswirkungen hat das Ziel auf dich und andere?

Optimize: Kannst du das Ziel anpassen oder präzisieren?

Verfolgen: Entscheide, ob du weitermachst oder dir ein neues Ziel setzt.

Kleine Rituale mit großer Wirkung

- Die 5-Minuten-Regel: Nimm dir jeden Morgen fünf Minuten Zeit, um dir eine Frage zu stellen: „Was ist die eine Sache, die ich heute tun kann, um meinem wichtigsten Ziel näher zu kommen?
- Dankbarkeitsübung: Schreibe jeden Abend drei Dinge auf, für die du dankbar bist. Das schärft den Blick für das Positive und stärkt die Widerstandskraft.

„Reflexion ist der Schlüssel zur Wahrheit. Laotse

Selbstreflexion ist keine Zeitverschwendung, sondern eine Investition in Klarheit und Fokussierung. Sie hilft dir, mit mehr Leichtigkeit und Selbstvertrauen Entscheidungen zu treffen, die deinem wahren Selbst entsprechen. Probiere eine der Methoden aus und erlebe, wie sie deinen Alltag bereichert.

8.2 Eine Vision entwickeln: Das „Warum" hinter dem unternehmerischen Handeln definieren

„Der Sinn des Lebens besteht nicht darin, ein erfolgreicher, sondern ein wertvoller Mensch zu sein." *Albert Einstein*

Haben Sie sich schon einmal gefragt, was Sie wirklich antreibt? Nicht der nächste Termin, nicht die Umsatzziele oder die anstehende Steuererklärung, sondern die tiefere Motivation, die Ihnen Energie und Ausdauer gibt? Die Suche nach dem eigenen „Warum" ist wie ein Kompass, der Sie sicher durch den Sturm des unternehmerischen Alltags führt. Eine klare Lebensvision gibt nicht nur Orientierung, sondern auch Sinn und Bedeutung - gerade in schwierigen Zeiten.

Warum das „Warum" entscheidend ist

Ohne eine klare Vision besteht die Gefahr, im Hamsterrad des Alltags stecken zu bleiben. Die Lebensvision hingegen definiert, was für Sie als Unternehmer wirklich zählt. Sie hilft, Prioritäten zu setzen, Entscheidungen zu treffen und dabei authentisch zu bleiben. Simon Sinek, der Bestsellerautor von „Start with Why", beschreibt es treffend: „Menschen kaufen nicht, was du tust, sondern warum du es tust." Diese Regel gilt nicht nur für den Verkauf, sondern auch für das eigene Handeln. Wenn Ihre Vision greifbar und inspirierend ist, motiviert sie nicht nur Sie selbst, sondern auch Ihre Mitarbeiter und Kunden.

Der praktische Weg zur Lebensvision

Der Weg zur Lebensvision beginnt mit einer ehrlichen Selbstreflexion. Stellen Sie sich folgende Fragen

- Welche Werte leiten mich? Ist es Innovation, Freiheit, Nachhaltigkeit oder etwas anderes?
- Was gibt meinem Leben Sinn? Wo erlebe ich Erfüllung?
- Welche Spuren möchte ich langfristig hinterlassen? Denken Sie dabei an die Familie, die Gemeinschaft oder den beruflichen Bereich.

Diese Überlegungen lassen sich am besten schriftlich festhalten. Nutzen Sie ein Tagebuch oder ein digitales Tool, um Ihre Gedanken festzuhalten. Wichtig ist, dass Sie sich regelmäßig Zeit für diese Reflexion nehmen - auch wenn es anfangs ungewohnt erscheint.

Tipp: Verbinden Sie Ihre Vision mit konkreten Bildern oder Geschichten. Stellen Sie sich vor, wie Ihr Unternehmen in fünf oder zehn Jahren aussieht und welchen Beitrag es leistet. Je lebendiger Ihre Vision ist, desto motivierender wirkt sie.

Beispiele aus der Praxis

Ein Unternehmer, dessen Vision es ist, nachhaltige Produkte zu entwickeln, wird automatisch Entscheidungen treffen, die diesen Werten entsprechen - sei es bei der Wahl der Materialien oder der Produktionsstandorte. Ein anderer, der jungen Menschen eine Perspektive geben will, wird in Bildung investieren oder Ausbildungsplätze anbieten.

> *„Unsere Vision ist nicht das Ziel, sondern der Weg, auf dem wir uns jeden Tag neu orientieren."*

Kleine Übungen, große Wirkung

Das Visionboard

Sammeln Sie Bilder, Zitate und Symbole, die Ihre Lebensvision repräsentieren, und gestalten Sie daraus ein Visionboard. Hängen Sie es an einem gut sichtbaren Ort auf, um sich täglich daran zu erinnern.

Die Rede zum 80. Geburtstag

Schreiben Sie eine Rede, die jemand an Ihrem 80. Was soll man über Sie sagen? Welche Leistungen und Werte sollen hervorgehoben werden?

Die Suche nach dem „Warum" ist keine einmalige Aufgabe. Es ist ein kontinuierlicher Prozess, der Ihnen hilft, die Essenz Ihres unternehmerischen Handelns immer wieder zu schärfen. Ihre Lebensvision ist Ihr Leuchtturm - nicht starr, aber stabil genug, um Sie auch in stürmischer See auf Kurs zu halten.

8.3 Lernen und Vernetzung: Weiterbildung und Austausch mit anderen Unternehmern

Das Streben nach Weiterentwicklung ist ein zentraler Baustein für unternehmerischen Erfolg. In Zeiten, in denen sich die Anforderungen des Marktes rasant verändern und die Digitalisierung ständig neue Möglichkeiten schafft, ist lebenslanges Lernen nicht mehr Kür, sondern Pflicht. „Wer aufhört, besser zu werden, hat aufgehört, gut zu sein", sagte einst Philip Rosenthal, und dieser Satz beschreibt treffend die Bedeutung von Weiterbildung und Netzwerken für KMU-Unternehmer.

Der Austausch mit anderen Unternehmern ist nicht nur inspirierend, sondern auch praktisch wertvoll. Unternehmer, die offen über ihre Herausforderungen sprechen und Erfahrungen austauschen, finden oft innovative Lösungen, auf die sie alleine nicht gekommen wären. Netzwerke sind wie ein Echoraum: Sie spiegeln die eigenen Ideen, bereichern sie und bieten Raum für Wachstum.

Praktische Ansätze für effektives Lernen und Netzwerken

Weiterbildung gezielt auswählen

Investiere in Weiterbildungen, die nicht nur deinen persönlichen Horizont erweitern, sondern auch dein Unternehmen direkt stärken. Plattformen wie Udemy, Coursera oder LinkedIn Learning bieten eine Vielzahl von praxisnahen Kursen, die sich flexibel in den Arbeitsalltag integrieren lassen. Themen reichen von digitalem Marketing über Zeitmanagement bis hin zu IT- und Führungskompetenzen. Für spezifische betriebliche Anforderungen können regionale Anbieter wie die Industrie- und Handelskammern (IHK) oder Berufsverbände wertvolle, oft maßgeschneiderte Seminare und Beratungen bieten.

Neben den großen Plattformen sind spezialisierte Angebote wie Pluralsight (für IT- und Programmierkenntnisse), HubSpot Academy (Marketing-Automatisierung) oder Skillshare (Kreativkurse) eine Überlegung wert. Prüfe auch die Angebote von universitären Weiterbildungszentren wie der WBS Akademie oder der Fernuniversität Hagen, die oft Kurse mit Zertifikaten anbieten.

Teilnahme an Unternehmerstammtischen

In vielen Städten und Gemeinden bieten regelmäßige Unternehmerstammtische eine Plattform für lockeren Austausch und Netzwerken. Hier können nicht nur wertvolle Branchenkontakte geknüpft, sondern auch gemeinsame Projekte und langfristige Kooperationen initiiert werden. Für KMU bietet sich zudem die Teilnahme an Treffen von Fachverbänden oder Initiativen wie Wirtschaftsjunioren Deutschland an, die ebenfalls den Wissenstransfer und persönliche Weiterentwicklung fördern.

Digitale Austauschplattformen

Neben klassischen Netzwerktreffen sind digitale Kanäle unverzichtbar. Plattformen wie Xing, LinkedIn und themenspezifische Facebook-Gruppen ermöglichen einen direkten Austausch über Branchentrends. Besonders LinkedIn bietet mit Gruppen wie „KMU-Digitalisierung" oder „Unternehmernetzwerk DACH" aktive Foren, um spezifische Fragen zu klären oder neue Perspektiven zu gewinnen.

Fachnetzwerke und Verbände

Nutze Fachnetzwerke wie den Bundesverband mittelständische Wirtschaft (BVMW), die Entrepreneurs' Organization (EO) oder den Deutschen Gründerverband, um Zugang zu hochkarätigen Veranstaltungen und Expertenrunden zu erhalten. Internationale Plattformen wie TEDx Communities oder Startup Grind eröffnen ebenfalls Türen zu innovativen Ideen und Kontakten.

Ergänze dein Netzwerk regelmäßig mit wertvollen Ressourcen und setze auf Weiterbildung als Investition in die Zukunft – denn Wissen ist der Schlüssel zu nachhaltigem Erfolg.

Tipps für nachhaltiges Networking

- Qualität vor Quantität: Statt möglichst viele Kontakte zu sammeln, sollte man auf tiefere Verbindungen setzen. Persönliche Gespräche bleiben oft länger in Erinnerung.
- Biete Wert: Sei großzügig mit deinem Wissen. Wenn du in Netzwerken aktiv hilfst, wirst du als kompetent wahrgenommen und baust Vertrauen auf.
- Stelle gezielte Fragen: Nutze Veranstaltungen, um gezielte Fragen zu stellen. Oft ergeben sich daraus direkte Empfehlungen oder Lösungsansätze.

„Lernen ist wie Rudern gegen den Strom. Hört man auf, treibt man zurück." Laotse.

Dieses Prinzip gilt für Trainings ebenso wie für Netzwerke. Es reicht nicht, sich einmal mit dem Thema zu beschäftigen, beides muss Teil der unternehmerischen Routine werden.

Durch sinnvolle Weiterbildung und den Austausch mit anderen Unternehmern können KMU nicht nur ihre Kompetenzen erweitern, sondern auch wertvolle Beziehungen aufbauen. Und vielleicht liegt gerade in einer spontanen Begegnung der entscheidende Impuls für ein erfolgreiches Jahr 2025.

Menschen als Schlüssel zum Erfolg

Gesundheit, Digitalisierung und Trends als zentrale Erfolgsfaktoren

Die Reise durch dieses Buch hat uns gezeigt, dass nachhaltiger Erfolg mehr ist als reines Wirtschaftswachstum. Die Balance zwischen Gesundheit, Digitalisierung und Trends ist der Dreh- und Angelpunkt. Unsere körperliche und geistige Gesundheit ist die Basis für Belastbarkeit und Kreativität. Die Digitalisierung eröffnet Unternehmen Chancen, effizienter, kundenorientierter und zukunftsfähiger zu agieren. Gleichzeitig dürfen wir Trends nicht ignorieren, sondern müssen sie aktiv gestalten, um wettbewerbsfähig zu bleiben.

Ein Unternehmen ist nur so stark wie die Menschen, die es gestalten. Ihre Kreativität, ihre Belastbarkeit und ihr Mut zur ständigen Anpassung machen den Unterschied.

Erste Schritte wagen

Ich lade Sie ein, die wichtigsten Ideen aus diesem Buch in Ihrem Alltag und in Ihrem Unternehmen umzusetzen. Welche Idee hat Sie besonders inspiriert? Beginnen Sie mit einer kleinen Veränderung und beobachten Sie deren Wirkung. Sei es eine optimierte digitale Lösung, eine gesundheitsfördernde Maßnahme oder eine strategische Neuausrichtung - jeder Schritt zählt.

Ich freue mich, wenn Sie mit mir in Kontakt treten, um Ihre Erfahrungen zu teilen oder Fragen zu klären. Gemeinsam können wir Ihre Ziele für 2025 definieren und erste Meilensteine planen. Schreiben Sie mir oder sprechen Sie mit mir über Ihre Herausforderungen und Visionen.

2025 als Jahr der Chancen

Trotz aller Herausforderungen in der aktuellen politischen und wirtschaftlichen Situation bietet das Jahr 2025 enorme Chancen. Neue Märkte entstehen, innovative Technologien stehen zur Verfügung und die Welt vernetzt sich zunehmend. Doch Chancen brauchen Mut. Lassen wir uns nicht von Ängsten und Unsicherheiten lähmen. Nutzen wir sie vielmehr als Ansporn, das Beste aus uns herauszuholen.

Trotz widriger Rahmenbedingungen vorankommen

Es ist verständlich, sich in unsicheren Zeiten Sorgen zu machen. Inflation, geopolitische Konflikte und rasante technologische Veränderungen belasten uns alle. Doch gerade diese Unsicherheiten bieten uns die Chance, unsere Stärken unter Beweis zu stellen. Denken Sie daran: Große Unternehmen und Persönlichkeiten haben oft in Krisenzeiten ihre besten Leistungen erbracht.

> *„Erfolg ist nicht endgültig, Misserfolg ist nicht fatal: Was zählt, ist der Mut, weiterzumachen."* Winston Churchill

2025 könnte Ihr Jahr werden - das Jahr, in dem Sie Ihr Unternehmen auf ein neues Niveau heben und gleichzeitig Ihre Lebensqualität verbessern. Es liegt in Ihren Händen. Setzen Sie auf Ihre Stärken, Ihre Visionen und Ihre Menschlichkeit. Gemeinsam schaffen wir die Basis für ein erfülltes, authentisches und erfolgreiches Leben.

Starten Sie noch heute!

Inhaltsverzeichnis